Horst Hollensteiner

DEUTSCHE DOGGE

Kosmos

So sind Doggen ▶ 4

Eine Dogge zieht ein ▶ 14

Gesunde Ernährung ▶ 26

Richtige Pflege ▶ 32

Rundum gesund ▶ 40

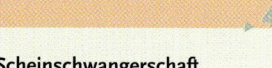

Erziehung leichtgemacht ▶ 62

Freizeitpartner Dogge ▶ 78

Doggen züchten ▶ 94

Service ▶ 113

So sind Doggen

So sind Doggen

Wohl eine der faszinierendsten Erscheinungen der vielen Hunderassen stellt die Deutsche Dogge dar. Im äußeren Erscheinungsbild vereinigt sie einen knochenstarken, substanzvollen Körperbau mit Kraft, Stolz, Harmonie und Eleganz. Dabei gibt es einen deutlichen Unterschied zwischen Rüden und Hündinnen. Der Rüde ist nicht nur deutlich schwerer, sein Körperbau wirkt kraftvoller, sein Kopf ist markanter gezeichnet, ohne jedoch Eleganz und Adel zu vernachlässigen. Die im allgemeinen etwas leichtere Hündin zeigt feinere Formen. Adel steht hier im Vordergrund, unterstrichen durch einen langen, schön geschwungenen Hals. Während man bereits beim Anblick einer sich gelassen präsentierenden Deutschen Dogge ins Schwärmen geraten kann, so ist man endgültig begeistert, wenn man das Wesen der Dogge kennengelernt hat.

▸ Charakter

Die Deutsche Dogge ist nicht irgendein großer Hund. Sie ist extrem auf Menschen bezogen. »Ihr Charakter ist friedlich, liebevoll und anhänglich gegen die Angehörigen, besonders gegen Kinder«, wie es im Rassestandard heißt. Sie ist sehr verträglich, nicht nur mit anderen Deutschen Doggen, sondern auch mit anderen Rassen, wobei sie sich von Vertretern kleinerer Rassen fast alles gefallen läßt.

Die Deutsche Dogge ist ein Hund mit einer sehr hohen Reizschwelle, ruhig und ausgeglichen, dabei aber nicht phlegmatisch, sondern an allem interessiert. Sie behält ihre Menschen ständig im Auge, möchte immer dabeisein und am liebsten all das tun, was die Menschen auch machen. Dabei beobachtet sie ganz genau und weiß meistens schon im voraus, was ihr Besitzer als nächstes tun will. Im Gegensatz zu anderen Rassen, für die der Blick Auge in Auge oft schon eine unzumutbare Provokation darstellt, hält die Deutsche Dogge ohne Emotionen den Blick des Menschen aus. Oftmals sucht sie selbst mit ihren ausdrucksvollen, dunklen Augen den ständigen Blickkontakt.

Wer einmal eine Deutsche Dogge sein eigen nennen durfte, weiß, wie sich in diesen Augen Freude, Übermut, Dankbarkeit oder Trauer widerspiegeln können. Aber auch mancher Fremde wird die Augen der Dogge nicht mehr vergessen, deren Mißtrauen oder Wut er provoziert hat.

Dies menschenbezogene Wesen wird verständlich, wenn man sich den Ursprung der Doggen und Doggenarten vergegenwärtigt.

▶ Entwicklung

Vor mehr als 10 000 Jahren haben sich Hund und Mensch gefunden und sind eine Lebensgemeinschaft eingegangen. Dies zeigen Funde aus der mittleren Steinzeit.

Erste Darstellungen von großen Hunden finden sich bei den Babyloniern im 9. Jahrhundert v. Chr., den Assyrern im 6. Jahrhundert v. Chr., den Persern im 5. Jahrhundert v. Chr., aber auch anderen Völkern. Die Hunde wurden zur Jagd auf wehrhafte Wildtiere, zur Löwenjagd oder als gepanzerte Kriegshunde eingesetzt. Im Hochland von Tibet entstanden mächtige, schwere Hunde mit kurzem Hals, sehr kräftigem Rumpf und stämmigen Beinen, die Tibetdoggen. Alexander der Große (356 – 323 v. Chr.) brachte diese Hunde auf seinen Kriegszügen mit nach Griechenland, wo aus ihnen die Molosser gezüchtet wurden, die sich durch Stärke und Entschlossenheit auszeichneten. Die Römer holten sich solche Hunde für ihre Zirkusspiele und ließen sie gegen Großkatzen, Stiere und Gladiatoren kämpfen. Auf ihren Streifzügen nach Gallien und Britannien wurden diese Hunde zum Angriff, zur Lagerverteidigung und für Kurierdienste eingesetzt. In Britannien gab es zudem noch kräftigere Hunde, als die Römer sie schon besaßen, die diese zu Kampfzwecken einkreuzten.

▶ Geschichte

In Europa wird von Hunden erst wieder im Mittelalter berichtet. Diese Hunde wurden überwiegend zur Jagd verwendet. Sie wurden als Saupacker, Bullenbeißer oder Hatzrüden bezeichnet. Aus dieser jagdlichen Verwendung entstand zur Vorbeuge vor Verletzungen das Kupieren der Ohren. Die ersten nachgewiesenen Vorfahren der Deutschen Dogge dürften die englischen Hatzhunde gewesen sein, die in England im 16. und 17. Jahrhundert aus den bereits rassemäßig gefestigten Mastiffs und Irish Wolfhounds entstanden. Aus der Verwendung als Jagdhund rührt heute noch die hervorragende Nase der Deutschen Dogge her, während der Jagdtrieb nicht mehr ausgeprägt ist, sofern er nicht durch entsprechendes Training und Erfolg geweckt wird. Diese Hunde wurden dann auch in Deutschland an verschiedenen Adelshöfen weitergezüchtet.

Die Bezeichnungen für einige Spielarten dieser englischen Doggen als Kammerhunde oder Leibhunde deuten bereits auf den engen Kontakt zum und Statussymbol für den Menschen hin.

Im Lauf des 19. Jahrhunderts wurden die Hunde immer populärer, wobei sie immer weniger zur Jagd, sondern mehr als Wach- und Begleithund Verwendung fanden.

Doggen kleidete man für die Jagd auf Bären und Wildschweine in gepanzerte Kleidung.

▶   **Wußten Sie schon?**

Viele hochgestellte Persönlichkeiten, voran Otto v. Bismarck (1819-1898), der über fast 60 Jahre hinweg verschiedene Doggen hielt, sorgten für die Beliebtheit der Rasse. Die Bezeichnung Deutsche Dogge war damals allerdings noch nicht üblich. Dafür gab es neben der Bezeichnung Hatzhunde und Wolfshunde regionale Bezeichnungen wie Ulmer Dogge oder Dänische Dogge.

Eine planmäßige Zucht mit der Rassebezeichnung Deutsche Dogge gibt es seit 1879, als bei einem gemeinsamen Treffen von Züchtern in Berlin der erste gültige Rassestandard aufgestellt wurde. Neun Jahre später, am 12.01.1888, wurde der Deutsche Doggen Club (DDC) 1888 e.V. gegründet. Bereits zu diesem Zeitpunkt wurde mit der Zuchtbuchführung begonnen.

Im ersten Zuchtbuch hieß der damals formulierte Standard der als Typenbeschreibung bezeichnet wurde:

»Die Deutsche Dogge soll gebaut sein wie ein schönes Pferd, alles an ihr soll Ebenmaß, schöne Form sein. Sie vereint in ihrer Gesamterscheinung Größe, Kraft und Eleganz. Sie hat nicht das Plumpe und Schwerfällige des Mastiff, ebensowenig die zu schlanke und leichte, an den Windhund erinnernde Form, sondern hält die Mitte zwischen beiden Extremen.«

Dieser erste Standard gilt im Grundsatz auch heute noch. Unter den auf Ausstellungen vorgestellten Tieren finden sich deshalb bis jetzt immer wieder Hunde, die zum schwereren oder zum leichteren Typ tendieren.

▶   Aussehen

Wenn man jedoch die alten Fotos mit den jetzigen Hunden vergleicht, findet man doch erhebliche Unterschiede. Besonders der Kopftyp hat sich stark gewandelt. Aus einem seichten, keilförmigen Kopf mit wenig Belefzung und starkem Backenansatz ist ein markanter Kopf geworden mit schmalem Oberkopf, breitem Nasenrücken und betontem Stirnabsatz; Stirn- und Nasenlinie verlaufen parallel. Die Belefzung ist ausgeprägt und soll kantig sein. Eine Besonderheit, die der Deutschen Dogge den ihr typischen Gesichtsausdruck verleiht, wird im Standard als »fein gemeißelt« (man meint damit besonders die Partie unter dem Auge) beschrieben. Die Ohren, die, wie bereits erwähnt, ursprünglich kupiert wurden, als die Doggenvorfahren noch Jagdgehilfen des Menschen waren, wurden bis zum Jahre 1986 immer länger und schmaler kupiert, um damit die Eleganz der Deutschen Dogge zu unterstreichen. Seit 1987 ist das Ohrenkupieren in Deutschland verboten. Das unkupierte, hängende Ohr soll von mittlerer Größe und hoch angesetzt sein. Die vorderen Ohrränder liegen an den Wangen an.

Noch Jahre nach Inkrafttreten des Kupierverbotes sahen wir auf deutschen Ausstellungen kupierte und unkupierte Hunde nebeneinander. Viele Züchter ließen sogar ihre Hunde im Ausland kupieren. 1991 zog der Deutsche Doggen Club die Konsequenz und verbot auf den nationalen Schauen das Ausstellen von kupierten Hunden.

Im Laufe der Jahre ist endlich auch ein Umdenken erfolgt. Man sieht jetzt auf internationalen Schauen und im Ausland zwar immer noch Hunde mit Stehohren, es kommen aber auch in

Kopfstudien der
ersten zucht-
buchmäßig
erfaßten Hunde

anderen Ländern, in denen noch kupiert werden darf, immer häufiger unkupierte Hunde auf die Ausstellungen. Der Grund hierfür dürfte darin zu sehen sein, daß Deutschland als das Mutterland der Rasse den offiziellen Standard vorgibt.

In der Zeit der Umstellung hat sich der Typ der Deutschen Dogge ebenfalls etwas gewandelt. Damit Adel und Eleganz erhalten blieben, haben die meisten Hunde heute längere, trockenere und besser geschwungene Hälse als vor einigen Jahren. Das im Standard geforderte Ohr ist bis jetzt noch nicht bei allen Tieren optimal, aber der Weg dorthin dürfte in kurzer Zeit gegangen sein, handelt es sich doch um ein offensichtliches und prägendes Merkmal, das züchterisch schnell zu korrigieren ist.

Bei gleicher Eleganz sieht die heutige Deutsche Dogge freundlicher und gutmütiger aus, so wie es auch ihrem Charakter entspricht. Die übrigen Positionen des Körpers sind bereits auf den alten Fotos in der Art zu erkennen, wie der Standard sie heute noch beschreibt.

Im einzelnen sind dies eine gut ausgeformte Brustpartie, bis an die Ellenbogengelenke herabreichende Brusttiefe, ein gerader, vom Widerrist als der höchsten Stelle schwach abfallender Rücken, eine mittellange, bis zum Sprunggelenk reichende, dünn auslaufende, in der Ruhestellung gerade herabhängende Rute und gerade, kräftige Läufe mit runden, geschlossenen Pfoten, den sogenannten Katzenpfoten.

Drei Doggen aus den dreißiger Jahren

Das Haar war immer sehr kurz, dicht und glatt anliegend.

▶ **Farbvarianten**

Auch die beschriebenen Farbschläge sind so vielfältig wie die heutigen Deutschen Doggen. Der heutige Rassestandard beschreibt fünf Farbvarianten.

GELB: Hellgoldgelb bis hin zum satten Goldgelb. Schwarze Maske und schwarze Nägel sind erwünscht. Die Maske war in der Anfangszeit der Zucht meist nicht vorhanden und ist heute oft noch nicht optimal ausgeprägt. Weiße Abzeichen sind nicht erwünscht.

Gestromte Hündinnen

Blauer Junghund

GESTROMT: Grundfarbe wie bei den gelben Doggen, mit schwarzer Maske und gleichmäßigen, klar gezeichneten, in Richtung der Rippen verlaufenden Streifen. Auch diese Farbvariante gibt es schon sehr lange. Bei diesem Farbschlag sind weiße Abzeichen nicht erwünscht. Gelbe und gestromte Doggen werden untereinander verpaart.

SCHWARZWEISS GEFLECKT: Grundfarbe möglichst rein weiß mit über den ganzen Körper gut verteilten, ungleichförmigen, zerrissenen, lackschwarzen Flecken.

Der schwarzweiß gefleckte Farbschlag ist die älteste und über Jahrzehnte beliebte Farbvariante, die jedoch am schwierigsten zu züchten ist. Seit 1995 darf im Deutschen Doggen Club dieser Farbschlag nur noch mit dem schwarzen Farbschlag verpaart werden. Bei einer Verpaarung von gefleckten Doggen untereinander kann es in einigen Familien zu weißen oder fast weißen Welpen kommen, von denen einzelne Tiere taub sein können. Bei einer Verpaarung gefleckter Doggen mit schwarzen Tieren ist dies niemals der Fall. So fallen dann in den Würfen nur einige wenige gut gefleckte Welpen, die dann oftmals etwas teurer sind.

SCHWARZ: Lackschwarz, wobei weiße Abzeichen zugelassen sind; hierzu gehören auch die Manteltiger, bei denen das Schwarz mantelartig den Körper bedeckt und Fang, Hals, Brust, Bauch, Läufe und Rutenspitze weiß sein können. Wenn die Weißzeichnung noch größer wird und nur noch einzelne große, schwarze Platten vorhanden sind, spricht man von Plattenhunden. Es gibt schwarze Hunde, die aus der

Der Porzellantiger ist eine Fehlfarbe (hier: gelbe Flecken auf weißem Grund).

Gefleckzucht stammen, und schwarze Hunde aus der Blauzucht, die dann weniger große weiße Abzeichen aufweisen. Die Zuchtordnung besagt, daß diese nicht mit gefleckten, sondern nur mit blauen Doggen oder mit schwarzen aus Blauzucht verpaart werden dürfen.

BLAU: Die Farbe soll möglichst stahlblau sein. Bei diesem Farbschlag sind hellere Augen und kleine weiße Abzeichen an Brust und Pfoten zugelassen.

Blaue Doggen werden mit blauen verpaart oder mit schwarzen Tieren, die aus dem blauen Farbschlag stammen.

FEHLFARBEN: Neben diesen im Standard definierten und für Ausstellungen zugelassenen Farbvarianten gibt es noch die Vielzahl von Farbkombinationen, die alle für die Zucht und Ausstellung nicht zugelassen sind. Sie werden unter dem Begriff Fehlfarben zusammengefaßt. Am häufigsten zu sehen ist der sogenannte Grautiger. Diese Farbe tritt bei der Zucht der gefleckten Doggen regelmäßig auf, und zwar statistisch genauso häufig wie die schwarzweiß gefleckten. Der Grautiger hat eine graue Grundfarbe, die je nach verdeckter Erbanlage von silbergrau über hellgrau bis schmutziggrau variieren kann. Er besitzt die schwarzen Flecken wie der gefleckte Farbschlag. Diese Tiere haben in der Regel auch weiße Abzeichen.

Mit dem Sammelbegriff Porzellantiger werden gefleckte Doggen mit blauen, grauen, gelben oder gestromten Flecken bezeichnet. Sie entstehen in der Gefleckzucht bei Spalterbigkeit beider Elterntiere in gelb/gestromt oder blau. Durch die Kombination der beiden Farben Gelb und Blau entsteht die Farbe Isabell, die man jedoch selten sieht. Da Doggenhündinnen meistens mehr Welpen zur Welt bringen, als sie aufziehen können, werden die sogenannten Fehlfarben häufig nicht aufgezogen.

Messung der Schulterhöhe mit einem Körmaß

▶   **Größe**

Das augenfälligste Merkmal der Deutschen Dogge ist ihre Größe. Vor der Entstehung der Deutschen Dogge als Rasse verstand man unter Dogge zunächst einen großen, starken Hund. Im Laufe der Rasseentwicklung ist die Dogge dann immer größer geworden. Der heutige Standard schreibt lediglich Mindestgrößen vor. Für Rüden gelten 80 cm Widerristhöhe, für Hündinnen 72 cm. Es ist gewünscht, daß diese Maße wesentlich überschritten werden. Dank einer fundierten Ausbildung und Fortbildung der Formwertrichter und Körmeister wird heute ein gesunder Körperbau mit korrektem Bewegungsablauf als erste Voraussetzung auf Ausstellungen angesehen. Erst wenn diese Vorbedingungen nicht zu beanstanden

sind, wird das Augenmerk auf andere Merkmale, z. B. die Größe oder Farbe, gerichtet und entsprechend bewertet. Gerade die Größe ist es aber auch, die viele Menschen vom Erwerb einer Deutschen Dogge abhält. In der Wohnung kann ein so großer Hund gelegentlich ein wenig unhandlich sein. Die Deutsche Dogge ist jedoch sehr ruhig, vorsichtig und angenehmer als die meisten kleineren Hunde. Ein ruhiger Platz mit einer überzogenen, genügend großen Schaumstoffunterlage sollte vorhanden sein. Auf ihrem Platz fühlt sie sich ausgesprochen wohl und kann dort stundenlang schlafend ausruhen oder einfach ihre Umgebung beobachten. Sollte ein Kleinkind zur Familie gehören, so ist es durchaus normal, daß Dogge und Kind zusammen auf der Decke schlafen. Grundsätzlich möchte die Dogge immer mit ihrer Familie zusammensein. Man kann sie nicht in einen wenige Quadratmeter messenden Zwinger sperren und nur nach Bedarf herausholen, wie dies häufig mit zum Sportgerät degradierten Gebrauchshunden passiert.

▶ **Wesen**

Eine Deutsche Dogge ist ein Familienmitglied, die Familie ist ihr Rudel. Eine gut erzogene Deutsche Dogge ist trotz ihrer Größe aufgrund ihres ausgeglichenen Charakters und ihres pflegeleichten kurzen Fells ein idealer Wohnungshund. Auch auf Urlaubsreisen und im Hotelzimmer benimmt sie sich tadellos. Man muß höchstens damit rechnen, daß sie es sich im Bett gemütlich macht. Durch ihre ruhige und friedliche Art wird sie schnell zum Kind in der Familie. Dabei sind es vor allem Hündinnen, die es meisterhaft verstehen, ihre Menschen um den Finger zu wickeln, wie es normalerweise Töchter mit ihren Vätern machen. Allzuoft unterlaufen sie dabei die eigentlich beabsichtigte Erziehung.

Obwohl die Deutsche Dogge manchmal den Eindruck eines ausgesprochen faulen Hundes erweckt, geht sie mit Begeisterung auf ihren täglichen Spaziergang. Nur vom Gang in Regenwetter scheint sie nichts zu halten. Eine bestimmte Kilometerleistung muß dabei weder von Hund noch Herrn erbracht werden.

Grautiger

Eine Dogge zieht ein

Eine Dogge zieht ein

Wenn Sie sich grundsätzlich für einen Hund entschieden haben und dabei mit einer Deutschen Dogge liebäugeln, müssen Sie sich fragen, ob Sie die speziellen Ansprüche dieser Rasse erfüllen. Obwohl die Deutsche Dogge von Natur aus einen in sich ruhenden, wesensstarken Charakter hat, paßt sie sich aufgrund ihrer Menschenbezogenheit sehr stark ihrem Herrn an. Wenn dieser Mensch in seinem Unterbewußtsein aggressiv ist, wird die Dogge böse werden; wenn er nervös und ängstlich ist, überträgt sich auch dieses; besitzt er wenig Durchsetzungsvermögen, wird er einen labilen, schlecht erzogenen Hund haben. Man sollte sich also vor dem Kauf einer Deutschen Dogge überlegen, welcher Typ Mensch man ist, damit man später nicht böse Überraschungen erlebt. Kraft allein genügt nicht: Bei einem Gewicht des Hundes von 60 – 85 kg resigniert man sehr schnell.

Auch wenn in der Familie bereits ein erwachsener Hund einer kleineren Rasse mit niedriger Reizschwelle lebt, sollte man sich überlegen, ob man eine Deutsche Dogge dazunimmt.

Reagiert der kleine Hund sehr schnell aggressiv, z. B. auf ein Klingeln an der Haustür, wird die Dogge mitmachen und das ausführen und vollenden, was der kleine Hund angestiftet hat, während dieser sich bereits wieder zurückgezogen hat.

▶ **Vorzüge der Dogge**
Wenn man sich mit der Rasse etwas mehr beschäftigt, begeistert das außergewöhnliche Verhältnis der Dogge zum Menschen. Neben den augenfälligen Unterschieden zu anderen Rassen, wie imponierender äußerer Erscheinung und ruhiger Ausgeglichenheit, ist der menschenfreundliche Charakter für diese Rasse bezeichnend. Da die Doggen bereits im Mittelalter als Kammerhunde eng mit dem Menschen zusammenlebten, ist es verständlich, daß diese Orientierung der Dogge zum Menschen über viele Generationen gefestigt wurde. Sie ist deshalb heute eine herausragende Charaktereigenschaft Deutscher Doggen. Diese Eigenart ist für die Besitzer nach kurzer Zeit so selbstverständlich, daß sie oft vergessen, daß es sich bei ihrem Liebling um einen Hund

und nicht um einen verständigen Menschen handelt.

Aus dem seit Jahrhunderten bestehenden engen Kontakt der Dogge zum Menschen erklärt sich auch die außergewöhnlich leichte Führigkeit der Rasse. Schon aufgrund der Größe und des Gewichts der Dogge war es notwendig, ruhige und ausgeglichene Hunde zur Zucht zu verwenden. Auf gar keinen Fall konnte man es sich erlauben, aggressive Hunde in die Zucht zu nehmen. So hat sich im Laufe der Zeit die hohe Reizschwelle der Deutschen Dogge genetisch gefestigt. Auch heute ist es selbstverständlich, daß nervöse, scheue oder aggressive Doggen nicht angekört werden und somit von der Zucht ausgeschlossen sind.

Trotz der hohen Reizschwelle handelt es sich bei der Deutschen Dogge jedoch keineswegs um einen trägen, phlegmatischen Hund. Sie ist vielmehr an allem Neuen interessiert und ausgesprochen aufmerksam. Die Deutsche Dogge ist ein ruhiger und friedlicher Hund mit gleichzeitigem lebhaftem Interesse an seiner Umwelt. Im Rassestandard findet sich folgende Beschreibung dieser Eigenschaft: Neben dem freundlichen und liebevollen Wesen sollen die Augen einen lebhaften, klugen Ausdruck besitzen. Im Zusammenhang mit den Augen ist die ausgeprägte Gesichtsmimik zu erwähnen. Die Deutsche Dogge bringt ihre Stimmungslage deutlich zum Ausdruck und ist leicht durchschaubar. So macht sie Freude, Zuneigung, Neugier, aber auch Trauer oder Wut und Reserviertheit für jeden offenkundig sichtbar. Aufgrund ihres Gesichtsausdrucks hat es eine Deutsche Dogge nicht nötig, fremde, unliebsame Personen anzuknurren. Es reicht der ruhige, warnende Blick, um einem fremden Menschen die Grenzen zu zeigen.

Eine weitere positive Rasseeigenart ist die außergewöhnlich große Freundlichkeit gegenüber Kindern. Doggen lassen sich von Kleinkindern, aber auch von größeren Kindern, fast alles gefallen, oft mehr als von ihren eigenen Welpen. Diese Toleranz und Begeisterung für Kinder besitzen nicht nur Hündinnen, sondern auch Rüden. Das Alter der Dogge spielt dabei keine Rolle. Selbst Welpen sind kleinen Kindern gegenüber normalerweise nicht aufdringlich. Auch diese Kinderfreund-

Eine Verständigung, die klappt.

So empfängt eine Dogge die Besucher des Hauses.

kräftigem und wohlgefügtem Körperbau Stolz, Kraft und Eleganz. Ihre Substanz ist gepaart mit Adel und Harmonie der Erscheinung. Erst wenn man eine Deutsche Dogge in Ruhe betrachtet, wenn sie sich gelassen und aufmerksam präsentiert, wird man diese hochtrabenden Worte der Rassebeschreibung verstehen und diesen vorbehaltlos zustimmen.

Ein äußerer und offensichtlicher Vorteil für einen Wohnungs- und Familienhund ist die Kurzhaarigkeit. Dadurch ist die Dogge nicht nur unproblematisch in der Fellpflege, sie trägt kaum Schmutz in die Wohnung, wie dies bei langhaarigen Rassen üblich ist. Der Haarwechsel beschränkt sich auf wenige Wochen im Jahr.

▶ Der Züchter

Wenn die Wahl auf die Deutsche Dogge gefallen ist, muß man sich für einen Rüden oder eine Hündin entscheiden. Eine Hündin ist in der Aufzucht einfacher, weil sie langsamer wächst. Sie wird in der Regel leichter ein eigenständiges Familienmitglied werden, während ein Rüde sich dem »Rudelchef« der Familie anschließt. Hündinnen sind oftmals raffinierter als Rüden. Es gelingt ihnen sogar manchmal, Familienmitglieder gegeneinander auszuspielen.

Als nächstes ist die Überlegung angebracht, woher Sie Ihre Dogge bekommen. Die Voraussetzungen für ein gesundes, verhaltensgerechtes Doggenleben wird in einer Zeit gelegt, in der sich der Welpe noch beim Züchter befindet. Der Züchter hat dabei eine enorm große Verantwortung dem Welpen gegenüber. Doch woran erkennt man einen verantwortungsbewußten

lichkeit wird im Rassestandard beschrieben und ist somit ein Zuchtziel: Die Dogge ist freundlich, liebevoll und anhänglich gegenüber Familienangehörigen, besonders gegenüber den Kindern.

Zwei weitere Eigenschaften, die mit dem äußeren Erscheinungsbild verknüpft sind und das Herz zahlreicher begeisterungsfähiger Menschen höher schlagen lassen, werden mit Adel und Eleganz beschrieben. Die Dogge wirkt wie eine edle Statue und vereinigt in ihrer Gesamterscheinung bei großem,

Züchter? Man sollte sich nach Möglichkeit mehrere Zuchtstätten ansehen. Dabei wird man schon sehr schnell Unterschiede feststellen in bezug auf Sauberkeit, Haltung der Hunde, Größe der Zwingeranlage sowie Verhalten und Kontaktfreudigkeit aller Hunde eines Züchters. Bei diesen Besichtigungen sollte man zwei grundsätzliche Dinge unbedingt beherzigen:

▶ Die Wahl des richtigen Züchters

☐ Der Züchter vergewissert sich, daß die Voraussetzungen zur Haltung einer Deutschen Dogge vorhanden sind.

☐ Er vergewissert sich, daß alle Familienmitglieder mit dem Hund einverstanden sind.

☐ Er beantwortet bereitwillig alle Fragen.

☐ Er drängt keinen Welpen auf, hilft aber bei der Auswahl.

☐ Er bittet Sie, die Wahl noch einmal zu überschlafen.

☐ Er bietet Ihnen auch für die Zeit nach dem Kauf Hilfestellung an.

☐ Die Elterntiere sind angekört u. auf HD untersucht.

☐ Die Welpen haben Papiere eines VDH-Vereins (z. B. Deutscher Doggen Club 1888 e.V.).

☐ Die Welpen sind entwurmt, geimpft u. lesbar tätowiert.

☐ Sie können die Welpen vor der Abgabe besuchen, mit ihnen spielen und bei der Fütterung beobachten.

☐ Die Mutterhündin und die anderen Hunde des Züchters sind freundlich.

☐ Die Welpen kommen ab einem Alter von 5 Wochen mit anderen Hunden und fremden Menschen in Kontakt.

☐ Die Zuchtstätte, die Welpen und alle anderen Hunde des Züchters machen einen gepflegten Eindruck.

☐ Den Welpen steht vielfältiges Spielzeug zur Verfügung.

☐ Sie lernen unterschiedliche Geräusche und Umwelteinflüsse kennen, auch andere Tiere, fremde Menschen und Kinder.

☐ Die Welpen werden frühestens mit 10 Wochen abgegeben.

TIP
– Keinen Spontankauf tätigen, lieber
  noch einmal eine Nacht darüber
  schlafen.
– Niemals einen Hund aus Mitleid
  kaufen.

Wenn man dies nicht beherzigt, erwirbt man vielleicht einen Problemhund, der nicht nur teure Tierarztrechnungen verursachen kann, sondern oft die typischen liebenswerten Eigenschaften einer Deutschen Dogge vermissen läßt. Der Grund liegt fast immer in fehlender Sozialisierung.

Woran erkennt man gesunde Welpen?

Sie kommen munter und schnell zum Menschen.

Sie sind neugierig und aufmerksam, nicht ängstlich oder desinteressiert.

Der Kot ist geformt, nicht dünnbreiig oder übelriechend.

Die Augen sind klar, ohne Ausfluß, die Lider fest anliegend.

Das Ohrinnere ist sauber, ohne dunkles Sekret.

Die Nase ist trocken und ohne Ausfluß.

Die Knochen sind kräftig und gerade.

Der Rücken ist gerade.

Der Bauch ist nicht aufgebläht.

Welpen müssen sehr viel Kontakt sowohl mit dem Züchter als auch mit fremden Menschen, aber auch zu möglichst vielen Hunden haben. Daher ist es optimal, wenn ein Züchter nicht nur die Mutterhündin besitzt, sondern mehrere Doggen verschiedenen Alters und Geschlechts. Die Welpen sollten vertrauensvoll zu ihrem Züchter kommen und von sich aus Kontakt zu den Besuchern suchen.

Insbesondere sollte man sich die Mutterhündin genau ansehen. Ist sie ausgeglichen und in guter Kondition? Ist ihr Ernährungszustand und ihr Fell in Ordnung? Sind die Augen klar und sauber? Wie verhält sie sich? Ist sie scheu und ängstlich oder aggressiv? Nach denselben Kriterien sollte man sich auch die anderen Hunde ansehen. Die erwachsenen Hunde dürfen nicht einzeln in Zwingern stehen, sondern zu zweit oder als Gruppe zusammen, damit sie sich miteinander beschäftigen können. Welpen sollten spätestens ab der 5. Woche zeitweise Kontakt mit den anderen Rudelmitgliedern bekommen. Wenn die Hunde schon in Zwingern gehalten werden, was sich in der Regel nicht vermeiden läßt, so müssen diese am Haus und nicht weit abgelegen sein. Die Welpen eines Wurfes sollten alle gleich groß sein, gesund aussehen und freudig und neugierig auf Züchter und fremde Personen zugehen. Den Welpen muß verschiedenartiges Spielzeug zur Verfügung stehen. Klettermöglichkeiten, Tunnel und Wippe fördern die Lernbereitschaft. Geräusche, die beim Spielen entstehen, wirken Schreckhaftigkeit entgegen. Dies erreicht man z. B. mit einigen Kieselsteinen in einer Blechdose oder mit an einer Schnur zusammengebundenen Metalldeckeln von Marmeladengläsern. An Geräusche gewöhnte Welpen werden später keine Probleme mit Topfdeckeln, Staubsaugern, einem Haarfön oder anderen Haushaltsgegenständen haben.

Der Züchter wird beim Besuch von Interessenten diese beobachten und befragen, um für sich selbst herauszubekommen, ob alle Familienmitglieder mit dem neuen Hausgenossen einverstanden sind und ob das neue Zuhause die Voraussetzungen für eine optimale Haltung und Aufzucht gewährleistet. Ein Welpenkauf, von dem z. B. die Frau des Hauses nicht überzeugt ist, sollte besser nicht zustande kommen, wird doch die Hausfrau gewöhnlich den größten Anteil der Pflege übernehmen müssen. Ein Welpe sollte möglichst gleich seine endgültige Familie finden und nicht nach kurzer Zeit zurück- oder weitergegeben werden. Am Verhalten seiner Hunde kann der Züchter außerdem feststellen, ob er diesen Leuten einen Welpen anvertrauen kann.

▶ **Welpenauswahl**

Wenn die Voraussetzungen zum Kauf eines Welpen von beiden Seiten vorhanden sind, stellt sich die Frage, welches der richtige Welpe ist? In der Regel wird man keinen wissenschaftlich ausgearbeiteten Welpentest machen können, wie es bei manchen Gebrauchshunderassen üblich ist. Der Züchter wird Sie jedoch mit den Welpen spielen lassen. Dann sollten Sie darauf achten, daß Ihr Welpe neugierig zu Ihnen kommt und Ihnen nachläuft. Alle Welpen eines Wurfes sollten sich ohne Knurren oder Angst anfassen lassen und ohne heftige Abwehrreak-

tion auf den Rücken legen oder hochheben lassen.

TIP

Ein erfahrener Züchter wird Ihnen den zu Ihrer Familie passenden Hund empfehlen.

Wenn einzelne Welpen sich deutlich ängstlich zeigen, ohne Interesse an Menschen ihre eigenen Wege gehen oder bei der Fütterung zähnefletschend das Futter gegen ihre Geschwister verteidigen, werden solche Hunde in der Regel keine angenehmen Familienmitglieder werden und gehören in erfahrene Hände.

Der von Ihnen ins Herz geschlossene Welpe hat meistens ganz schnell bemerkt, daß diese Besucher bald »seine« Menschen sein werden, besonders wenn sie ihn noch ein- oder zweimal besuchen, bevor er mit ca. 10 Wochen abgeholt wird. In der Regel wird zwischen Züchter und Käufer ein Kauf-

Der gefleckte Welpe hat sich einen erhöhten Platz ausgesucht.

**Doggen lieben
es gemütlich.**

vertrag abgeschlossen, in dem der Kauf-
preis und eventuell eine Anzahlung
oder das Abholdatum schriftlich fixiert
werden. Der Verkäufer leistet Gewähr
für die Richtigkeit der Abstammungs-
angaben, züchterische Sorgfalt bei der
Auswahl der Elterntiere und der Aufzucht des Welpen und dafür, daß dieser
entwurmt und geimpft ist. Wenn der
Käufer den Hund später ausstellen oder
zur Zucht verwenden will, sollte dies
unbedingt ausdrücklich im Kaufvertrag
als besondere Vereinbarung vermerkt
werden. Eine Garantie, daß dieser Hund
später einmal ein Champion wird, ist
dies allerdings auch nicht.

▶   **Abholung**

Man holt den Welpen am besten freitags
oder samstags morgens ab, damit man
am Wochenende Zeit für ihn hat. So
kann man sich nämlich viel Arbeit und
Ärger ersparen, besonders beim Erreichen der Stubenreinheit. Während die
Übergabeformalitäten erledigt werden,
kann der Welpe intensiven Kontakt mit
den neuen Familienmitgliedern aufnehmen, ohne daß seine Wurfgeschwister
anwesend sind. Der Züchter wird den

Welpen vor der Abholung nicht mehr
gefüttert haben, damit ihm auf der Fahrt
nicht schlecht wird. Man sollte einen
Welpen immer zu zweit abholen. Während einer das Auto fährt, nimmt die
zukünftige Bezugsperson den Welpen
auf den Schoß. Die Fahrt muß ohne
Eile und entspannt erfolgen. Bei dieser
Autofahrt ohne die Wurfgeschwister
macht der Welpe völlig neue Erfahrungen. Er fühlt sich das erstemal allein,
und manchem Welpen wird sogar übel.
Hierin liegt die Chance der neuen Bezugsperson, das Vertrauen des Welpen
zu erringen. Man braucht dabei nichts
anderes zu tun, als ihn zu trösten. Aufgrund der Mentalität der Deutschen
Dogge geschieht dies am besten durch
Körperkontakt. Der Welpe liegt auf dem
Schoß und wird gestreichelt, wenn er
unruhig wird. Durch diesen Kontakt
bekommt er ein enges Verhältnis zu seiner neuen Bezugsperson. Je länger die
Fahrt dauert, um so eher weiß der Kleine, wohin er jetzt gehört. Erfahrene
Züchter wissen dies und unterrichten
die neuen Besitzer entsprechend.

Vor der ersten Autofahrt bekommt
der Welpe sein neues Halsband angelegt. Da die meisten neuen Besitzer ein
viel zu großes Halsband mitbringen,
halten erfahrene Züchter ein leichtes,
verstellbares Synthetikhalsband bereit.

Selbstverständlich muß der Welpe
genügend Platz im Auto haben. Freun-
de und Bekannte sollte man zur Abholung nicht mitbringen.

Zu den notwendigen Utensilien der
ersten Autofahrt gehören eine weiche
Decke, Papierhandtücher, falls sich der
Welpe übergeben muß, und ein Wassereimer, wenn die Fahrt lange dauert.

Vom Züchter wird dem neuen Besitzer der Impfpaß übergeben. Bei vielen

Züchtern erhalten Sie auch noch Proben des gefütterten Fertigfutters, eventuell das Mittel für die nächste Wurmkur und einen Futterplan sowie Verhaltensmaßregeln für die ersten Wochen. Die Ahnentafel ist häufig noch nicht ausgestellt und wird im Normalfall nachgeschickt.

▶ Das Zuhause

Die Wohnung sollte vor dem Eintreffen »welpenfest« umgestaltet sein, denn der Welpe wird sein neues Zuhause gründlich erkunden. Teure Teppiche sollten vorübergehend woanders untergebracht werden. Elektrische Kabel müssen versteckt werden. Tischdecken sollten nicht vom Tisch herunterhängen. Bodenlange Gardinen und Stores bindet man besser hoch, da sie sich hervorragend zum Spielen und Verstecken eignen. Große Bodenvasen mit Zweigen laden ebenfalls zum Spielen ein. Von hochgiftigen Pflanzen wie Efeu, Maiglöckchen und Goldregen im Garten sollte man sich besser trennen. In einer zugfreien Ecke der Wohnung, möglichst nahe am Familiengeschehen, sollte »sein Platz« vorbereitet sein. Am besten eignet sich eine ca. 15 cm dicke Schaumstoffmatratze, die mit einer waschbaren Decke überspannt ist. Futternapf und Wassereimer sollten auch schon ihren festen Platz haben. In den ersten Tagen wird der Welpe dasselbe Futter erhalten, das er beim Züchter bekommen hat, da eine abrupte Futterumstellung zu schwerem Durchfall führen kann.

In seiner neuen Familie benötigt er natürlich auch Spielzeug. Stellt man sich hierauf nicht ein, sucht sich der Hund selbst seine bevorzugten Gegenstände wie Hausschuhe, Teppiche oder Topfblumen. Einem 10 Wochen alten Welpen sollte man deshalb bes-

ser sein eigenes Spielzeug zuweisen. Hier eignen sich Kauknochen, ein alter Hausschuh oder ein derbes Holzstück. Alle anderen Gegenstände in der Wohnung werden dann tabu sein. Dies lernt der Hund sehr schnell und hält sich auch daran, solange er nicht in der Wohnung allein gelassen wird.

Zu Hause darf nicht die ganze Verwandtschaft und Bekanntschaft auf den Kleinen warten, um ihn Willkommen zu heißen. In den ersten zwei bis drei Tagen ist nur die engste Familie zugegen, damit der Welpe mit seinem neuen Rudel vertraut wird.

▶ Stubenreinheit

Bei der Ankunft läßt man den Welpen direkt in den Garten, damit er sich lösen kann. Wenn es klappt, muß er ordentlich gelobt werden. Er wird dann in der nächsten Zeit immer wieder versuchen, dort sein Geschäft zu machen. Danach kommt er auf seinen vorbereiteten Platz, und Herrchen und Frauchen bleiben bei ihm. Von hier aus wird er die Wohnung erkunden. Jetzt bekommt er das erstemal zu fressen, schließlich ist er mit leerem Magen losgefahren oder hat alles ausgebrochen, falls der Magen nicht leer war. Nach jedem Fressen, Schlafen oder Toben darf er in den Garten, damit er sich lösen kann. Je ausgiebiger er nach jedem Geschäft gelobt wird, desto schneller wird er stubenrein.

▶ Eingewöhnung

Da der Welpe auf seiner ersten Autofahrt seine neue Vertrauensperson intensiv kennengelernt hat, wird es in der Regel keinerlei Probleme mit der Eingewöhnung geben, auch wenn er sich auf eine völlig neue Umgebung und ein neues Rudel einstellen muß. Bisher war er einer unter mehreren im Rudel. Nach dem Eintreffen in der neuen Wohnung ist er jetzt der Mittelpunkt. Die meisten Welpen registrieren dies sofort und genießen es.

Züchter anderer Rassen geben oft ein Tuch oder einen anderen vertrauten Gegenstand mit, damit der Welpe in der ersten Nacht nicht so stark jammert. Dies ist bei Deutschen Doggen völlig unnötig. Der Welpe wird seinem alten Rudel nicht nachtrauern. Er soll sich vielmehr mit seiner neuen Umgebung vertraut machen und in seinem neuen Rudel orientieren. Hiermit wird er keine Probleme haben, wenn er sich beim Züchter zu einem aufgeschlossenen Welpen entwickelt hat. Nur scheue Welpen mit wenig Menschenkontakt jammern ihrem alten Rudel nach. Falls er jedoch einmal Heimweh zeigt und sich einsam zu fühlen scheint, kann man dem Welpen einen tickenden Wecker oder ein gebrauchtes Kleidungsstück an seinen Schlafplatz legen. So hat er das Gefühl, daß er auch auf seinem Lager nicht allein ist. Wenn der Welpe durch sein Jammern erreicht, daß Sie zu ihm gehen, um ihn zu trösten, wird er dies bald wieder versuchen. Falls er zu Ihnen ins Schlafzimmer darf, wird er sein Leben lang darauf bestehen.

▶ Rangordnung in der Familie

Nach ein paar Tagen, manchmal auch schon nach Stunden, hat er sich eingelebt, bewegt sich völlig unbekümmert und probiert schon sehr schnell, wie weit er gehen kann. Jetzt ist es an der Zeit, die Grenzen abzustecken. Unarten wie Betteln am Tisch, Liegen auf dem Sofa oder im Bett, Anspringen und vieles mehr muß man im Welpenalter konsequent

unterbinden, auch wenn es manchmal schwerfällt. Zu einem späteren Zeitpunkt ist dies ungleich schwerer und entspricht nicht dem Naturell von Hunden. In einer Hundemeute stehen die Welpen trotz einiger Freiheiten, die sich nur Welpen erlauben dürfen, in der Rangordnung weit unten. Im Hunderudel hat der sozialisierte Welpe gelernt, sich unterzuordnen, wenn er von einem erwachsenen Hund gemaßregelt wird. Durch den Rudelführer bekommt der Welpe Sicherheit, die er für eine ausgeglichene Charakterentwicklung benötigt. Bisher haben diese Rolle Mutterhündin und Züchter wahrgenommen, jetzt ist die neue Familie das Rudel, deren ranghöheren Mitgliedern sich der Welpe unterwerfen muß. Das Bestehen auf diesem unterwürfigen Verhalten ist für die Charakterentwicklung genauso wichtig wie das

Mittagsschlaf

Loben, wenn der Hund etwas richtig gemacht hat. Über die Verantwortung, die hieraus entsteht, muß man sich im klaren sein.

▶ Wachstum und Ruhephasen

Der schnell wachsende Organismus einer jungen Deutschen Dogge benötigt für ein normales Knochenwachstum sehr viel Ruhe. Der Knochen wird in seiner Struktur ständig ab- und wieder aufgebaut. Die Belastung durch das eigene Körpergewicht kann dabei zu krankhaften Verformungen der Knochen führen, wenn der Hund nicht genügend Ruhezeiten bekommt. Ein Welpe sollte möglichst zwei Drittel des Tages ruhen oder schlafen. Dies ist jedoch bei einem in der Wohnung aufwachsenden Welpen sehr schwierig, da er ständig seine Menschen begleiten will. Um diese Ruhezeiten sicherzustellen, ist oft die stundenweise Unterbringung in einem Zwinger angezeigt. Zumindest sollte die Erziehung schon soweit funktionieren, daß der Hund auch mal einige Zeit auf seinem Platz bleibt und nicht ständig mitläuft. Dafür können Sie mehrere kurze Spaziergänge machen, wobei der junge Hund viel Neues kennenlernt.

In der folgenden körperlichen Entwicklung des Junghundes sollte man immer kontrollieren, ob er auf geraden Läufen heranwächst oder eventuell in der Hinterhand hackeneng wird, in den Vorderfüßen nach außen dreht oder den Rücken aufzieht. Zur Beurteilung können Sie den Junghund gelegentlich einem Tierarzt vorstellen, der Erfahrung in der Aufzucht von Deutschen Doggen besitzt. Besser noch ist es, wenn Sie mit Ihrem Welpen regelmäßig den Züchter aufsuchen können, um Ihren Hund dort vorzustellen. Sie können ihn mit den

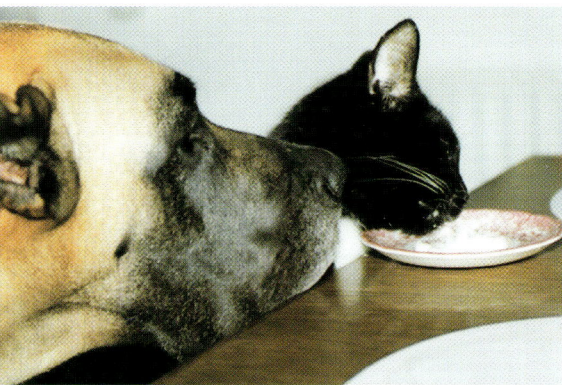

Ob da für den Hund noch was übrigbleibt? Eine Dogge versucht nicht, sich vorzudrängeln.

Wurfgeschwistern vergleichen, falls einige noch nicht abgegeben wurden. So sehen Sie selbst, wenn die Aufzucht Ihres Welpen nicht optimal verläuft.

▶ Charakterentwicklung

Für die weitere Entwicklung zu einem charakterlich korrekten erwachsenen Hund sollte die Deutsche Dogge neben den Disziplinübungen in der neuen Familie unbedingt weiterhin häufigen Kontakt zu gleichaltrigen Hunden und erwachsenen Hunden anderer Rassen bekommen.

Hier erfährt Ihre Dogge die Sozialkontakte, die normalerweise im Rudel auf sie einwirken und zu einem charakterfesten Wesen führen.

▶ Pflichten eines Hundebesitzers

Selbstverständlich muß auch eine Deutsche Dogge wie jeder andere Hund beim Steueramt der Gemeinde angemeldet werden. Außerdem sollte man auf alle Fälle eine Haftpflichtversicherung abschließen. Aufgrund der Größe einer Deutschen Dogge kann sehr schnell ein größerer Schaden entstehen, als dies bei einem Hund einer kleineren Rasse der Fall ist.

Gesunde Ernährung

Gesunde Ernährung

▶ **Mahlzeiten**

In den ersten Tagen erhält der Welpe dasselbe Futter, das er beim Züchter gewohnt war, denn jede abrupte Futterumstellung führt unweigerlich zu Durchfall. Die Tagesration verteilt man dabei auf 4 Mahlzeiten. Der Welpe bekommt das Futter nur für ca. 10 Minuten angeboten, danach nimmt man es wieder weg. Wenn man es ste-

Hoch aufgehängte Futterschüsseln sind nützlich zur Vorbeugung gegen eine Magendrehung und schonend für die Wirbelsäule.

henläßt oder später noch anderes, schmackhafteres Futter gibt, erzieht man sich sehr schnell einen schlechten Fresser. Diese Unart gibt es bei Deutschen Doggen leider sehr häufig. Damit können sie ihren Besitzer zur Verzweiflung treiben. Als erwachsene Hunde sind solche Tiere oftmals sehr groß, wobei es ihnen jedoch häufig an Substanz fehlt. Wenn der Welpe nicht mehr jedesmal die Futterschale leer frißt, geht man auf drei Mahlzeiten, beim erwachsenen Hund auf zwei, eventuell sogar auf nur eine Mahlzeit.

▶ **Kalzium-Phosphor-Verhältnis**

Der Zusammensetzung beim Futter kommt beim wachsenden Hund eine besondere Bedeutung zu, wächst doch eine Dogge in einem Jahr von 400 bis 800 Gramm Geburtsgewicht auf ein Gewicht von 40 bis 80 Kilogramm heran. Dies ist eine Gewichtszunahme, für die ein Mensch immerhin 10 bis 14 Jahre benötigt. Bei dem enorm schnellen Wachstum der Knochen ist es verständlich, daß die häufigsten Fehler in der Futterzusammensetzung im ersten Lebensjahr zu suchen sind. Dabei kommt den Mineralien Kalzium und Phosphor, den Hauptbestandteilen der Knochen, die größte Bedeutung zu. Im Knochen liegen diese Bestandteile in einem Verhältnis von 2 : 1 vor. Bei der Ernährung des Junghundes sollte das gleiche Kalzium-Phosphor-Verhältnis angestrebt werden. Das Verhältnis sollte mindestens 1,2 : 1 betragen, besser jedoch 1,6 : 1.

Die einfachste Art, eine junge Deutsche Dogge richtig zu ernähren, ist die Fütterung mit käuflichem Trockenfutter, dessen Inhaltsstoffe auf der Verpackung abzulesen sind. Bei der Wahl des Fertigfutters muß man in erster Linie auf das Verhältnis dieser beiden Bestandteile achten. Außer dem Kalzium-Phosphor-Verhältnis spielt die Wachstumsgeschwindigkeit eine große Rolle. Je schneller ein Knochen wächst, desto eher kommt es bei dem noch nicht ausgereiften Skelett, sogar trotz ausgewogener Mineralstoffzufuhr, zu Entwicklungsstörungen. Die Wachstumsgeschwindigkeit wird dabei nachhaltig durch die Energieaufnahme beeinflußt. Die Endgröße des Hundes unterscheidet sich jedoch nicht, da diese genetisch vorgegeben ist.

Fleißige Helfer sind beim Füttern immer willkommen.

TIP

Bei den Mahlzeiten der Menschen gehört die Dogge auf ihren Platz. Bestehen Sie von Anfang an darauf. In einem Hunde- oder Wolfsrudel fressen auch erst die ranghöheren Rudelmitglieder. Wenn Sie Betteln zulassen, verzichten Sie damit auf Ihre Autorität.

Das Futter sollte also nicht zuviel Energie (Fett) enthalten, und es sollte knapp gefüttert werden, um ein langsames Wachstum zu erreichen. Schnelles Wachstum in den ersten Lebensmonaten führt häufig zu einer Überlastung des noch nicht ausgereiften Skeletts. Es können sich Verformungen der Knochen, Knorpelabsplitterungen im Gelenk oder Fehlstellungen der Gliedmaßen entwickeln. Dosenfutter kommt schon aufgrund der Menge, die eine Dogge benötigt, kaum in Betracht. Eigenmischungen mit Pansen, Getreideflocken, Ölen und vitaminisierten Mineralstoffmischungen sollten erfahrenen Züchtern vorbehalten bleiben. Es wird hier immer schwierig sein, das richtige Kalzium-Phosphor-Verhältnis herzustellen. Außerdem entwickelt ein Hund, der frischen Pansen erhält, in der Wohnung einen stärkeren Eigengeruch als bei einer Fütterung mit Trockenfutter. Die Fertigfutter enthalten die erforderlichen Mineralstoffe und die richtige Dosierung des notwendigen Vitamin D. Vitamin D erhöht den Kalziumspiegel im Blut und sorgt in geringen Mengen für eine verbesserte Resorption aus dem Darm. Bei Sonneneinstrahlung wird dieses Vitamin in der Haut des Hundes synthetisiert, daher sollten Welpen schon beim Züchter und später beim neuen Besitzer Licht, Luft und Sonne bekommen.

Gesunder gefleckter Junghund in der Wachstumsphase

Junghunde, die ausschließlich im Haus gehalten werden oder deren Hauptwachstumsphase in die sonnenarme Jahreszeit fällt, sind schwieriger aufzuziehen als Hunde, die im Frühjahr geboren sind. Wird Vitamin D mit dem Futter verabreicht und dabei überdosiert, wird der Knochen wieder entmineralisiert, und es entsteht ein ähnliches Krankheitsbild wie bei der Vitaminunterversorgung, die als Rachitis bekannt ist. Bei einer Vitamin-D-Überversorgung sind jedoch die Veränderungen viel schwieriger zu therapieren.

Im Alter von etwa 10 Monaten wird das Längenwachstum der Knochen langsamer. Die Deutsche Dogge kann jetzt wie jeder andere Hund ganz normal ernährt werden. Neben Trockenfutter können jetzt auch Fleisch oder übriggebliebene Essensreste gegeben werden. Die Dogge, die ihre Menschen ständig beobachtet, genießt es ganz besonders, von der Mahlzeit ihrer Familie etwas zu bekommen. Wenn schon, denn schon: Bitte geben Sie Ihrem Hund niemals während der Mahlzeiten etwas ab, immer erst nachdem Sie gegessen haben. Benutzen Sie dazu die Futterschüssel des Hundes, sonst erziehen Sie sich schnell einen bettelnden Hund,

Futtermenge eines Vollnahrungsfutters mit normalem Energiegehalt für einen Hund mit ca. 60 kg Endgewicht:

Lebensmonat	Körpergewicht	Trockenfuttermenge pro Tag
2	10 kg	350 g
4	24 kg	675 g
6	36 kg	795 g
9	42 kg	780 g
12	48 kg	770 g
18	56 kg	770 g

der sich bald selbst bedient. Diese Unart ist bei einer Deutschen Dogge besonders unangenehm, da sich ihr Kopf in
Tischhöhe befindet. Durch den losen
Lefzenschluß tropft ihr zudem der Speichel in langen Fäden aus der Schnauze,
sobald ihr das Wasser im Munde
zusammenläuft.

Stark gewürzte und stark gesalzene
Speisereste dürfen Sie nicht verfüttern.
Das gleiche gilt für Knochen, die split-
tern und zu Verletzungen im Verdau-
ungstrakt führen könnten. Auch rohes
Schweinefleisch wird man nicht füttern, da es Erreger der Aujeszkyschen
Krankheit enthalten könnte. Dies ist
eine bei Schweinen häufige Viruserkrankung, für die der Mensch unempfindlich ist, an der aber fast alle Tierar-
ten erkranken können. Hunde verenden
regelmäßig in weniger als vierundzwan-
zig Stunden.

Vertrauen Sie in der Aufzucht Ihres
Doggenwelpen einem erfahrenen Züch-
ter oder einem mit der Aufzucht von
Deutschen Doggen kundigen Tierarzt.
Handeln Sie auf gar keinen Fall nach
dem Motto: Viel hilft viel.

▶ Hundekuchen und Kauknochen

Hundebisquitknochen und Hundekuchen sind eine hervorragende Ergän-
zung der täglichen Futterration. Sie
besitzen ein günstiges Kalzium-Phosphor-Verhältnis und dienen außerdem
der Reinigung und Kräftigung des
Gebisses. Den gleichen Effekt haben
auch Büffelhautknochen, getrocknete
Schweineohren und Ochsenziemer.
Außerdem ist der Hund hiermit recht
lange beschäftigt und läßt sich beim
Zahnwechsel vom Benagen der Woh-
nungseinrichtung ablenken.

▶ Ergänzungsfuttermittel

Hierzu gehören Vitamin D und Kalk-
präparate. Für die schnell wachsende
Deutsche Dogge sind solche Präparate
äußerst gefährlich. Bei unsachgemäßer
Verabreichung kommt es zu schwer-
wiegenden Wachstumsstörungen,
wenn solche Präparate mit Trockenfutter kombiniert werden. Daher immer den Tierarzt fragen.

Porzellantiger mit
ernährungsbe-
dingten Aufzucht-
problemen

Die größten Kauknochen sind gerade richtig.

Richtige Pflege

Richtige Pflege

Fellpflege mit einem Gummihandschuh für eine wohltuende Fellmassage

▶ **Fellpflege**

Als kurzhaariger Hund ist die Deutsche Dogge als Familienhund ausgesprochen pflegeleicht. Die täglichen Streicheleinheiten, die sich der Hund von sich aus holt, genügen schon fast als Fellpflege für die meiste Zeit des Jahres. Zieht man über die Hand einen Gumminoppenhandschuh, wie man ihn im Fachhandel kaufen kann, wird gleichzeitig die Haut massiert. Ihre Dogge genießt dies und kann nicht genug davon bekommen. Eine Bürste verwendet man besser nicht. Man bürstet hiermit sonst Hautschuppen an die Oberfläche. Um dem Fell wieder Glanz zu verleihen, nimmt man nach dem Bürsten ein feuchtes Fensterleder, das man noch mit Fellglanzlotion befeuchten kann. So hält der Glanz länger an. Den Glanz des Fells kann man aber auch verbessern, wenn man täglich einen Teelöffel Öl, wie zum Beispiel Distelöl, über das Futter gibt. Besonders bei schwarzen Doggen bekommt man hierdurch einen seidigen Glanz. Einmal im Jahr kommt auch die in der beheizten Wohnung gehaltene Dogge zum Haarwechsel. In dieser Zeit kann man das Fell mit einem Noppenhandschuh regelmäßig bearbeiten. Wenn dabei abgestorbene Unter-

Umfunktioniertes Sägeblatt zum Ausbürsten von abgestorbener Unterwolle

wolle entfernt werden muß, kann man ein stumpfes Metallsägeblatt benutzen. Solche Sägeblätter werden mit Griff im Fachhandel angeboten. Bei Hunden, die im Zwinger leben, ist der Haarwechsel stärker als bei Wohnungshunden, da sie ein dichtes Unterfell entwickeln, das im Sommer abstirbt und ausgebürstet werden muß. Beim gefleckten Farbschlag gibt es das ganze Jahr hindurch einen leichten Haarwechsel der recht kräftigen weißen Haare.

Der auffallendste Haarwechsel ist der erste, im Alter von 9 – 12 Monaten. Bevor die alten Haare sich lösen, stirbt die Unterwolle ab und bekommt eine hellere Farbe. Wenn das Fell ausfällt, geschieht dies an unterschiedlichen Stellen gleichzeitig. Besonders gelbe, gestromte und schwarze Doggen besitzen jetzt über einen längeren Zeitraum ein Fell, das einem Flickenteppich gleicht. Sie brauchen aber keinen Schrecken zu kriegen, dies ist nur vorübergehend. Danach wird Ihre Dogge ein schöneres Fell haben als je zuvor.

▶ **Baden, Duschen**

Normalerweise braucht man eine Deutsche Dogge nicht zu baden, es sei denn, sie hat sich auf dem Spaziergang in Kot oder stinkendem Aas gewälzt. Im Sommer kann man bei warmer Witterung den Hund unter freiem Himmel mit einem Gartenschlauch vorsichtig abspülen. Sonst nehmen Sie Ihren Hund einfach unter die Dusche. Die Dogge genießt es, mit warmem Wasser abgebraust zu werden. Achten Sie darauf, daß kein Shampoo in die Augen und kein Wasser in die Ohren gelangt. Verwenden Sie bitte Hundeshampoo, da dies eine rückfettende Wirkung hat. Mit dem Shampoo zerstören Sie jedoch den Fettfilm auf Haut und Fell. Bis sich dieser Säureschutzmantel nach etwa zwei Tagen regeneriert hat, sollten Sie Ihre Dogge keinem naßkalten Wetter aussetzen. Das Fell, das normalerweise Wasser abstößt und ableitet, wird in dieser Zeit wasserdurchlässig, und der Hund friert. Nach dem Duschen wird der Hund mit einem Handtuch abgetrocknet. Bis er ganz trocken ist, sollte man ihn auf seinem Liegeplatz zudecken. Bei warmem Wetter kann er sich auch draußen so lange bewegen, bis er abgetrocknet ist.

▶ Krallen

Die Deutsche Dogge hat nach dem Rassestandard Katzenpfoten, also geschlossene Pfoten mit nach unten gerichteten Krallen. Sie läuft sich ihre Krallen normalerweise ausreichend ab. Wenn die Krallen deutlich hörbar den Boden berühren, sind sie aufgrund fehlender Abnutzung oder schnellen Wachstums zu lang geworden. Zum Kürzen der Krallen verwendet man eine spezielle Krallenzange. Die Schnittflächen sind rund, so daß der Druck auf die Kralle von allen Seiten gleichmäßig erfolgt und die Kralle nicht gequetscht wird. Bei unpigmentierten Krallen, wie sie bei gefleckten und zum Teil bei schwarzen und blauen Doggen vorkommen, sieht man genau, wie weit das Leben in der Kralle reicht. Dieser durchblutete und schmerzempfindliche Teil muß unbedingt geschont werden.

> **TIP**
>
> *Achten Sie schon beim Welpenkauf auf geschlossene Pfoten mit kurzen Nägeln.*

Bei pigmentierten Krallen, wie sie bei gelben und gestromten Doggen die Regel sind, kann man diese Ader nicht sehen. Hier muß man öfter und nur die Krallenspitze schneiden. Sollte man doch einmal ins Leben geschnitten haben, hört die Blutung nach einigen Schritten auf weichem Boden, zum Beispiel auf Rasen, schnell wieder auf und heilt ohne Entzündung ab. Falls Sie sich diese Prozedur nicht zutrauen, gehen Sie lieber zu Ihrem Tierarzt.

Zu lange Krallen müssen gekürzt werden.

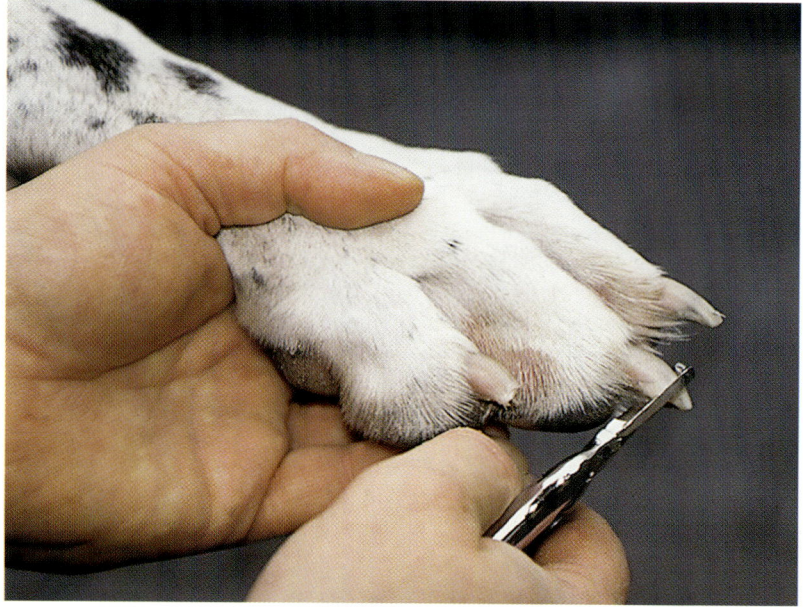

▸ Ballen

Normalerweise sind die Krallen bei
Deutschen Doggen aufgrund der
Größe der Füße sehr unempfindlich.
Längeres Laufen auf Asphalt oder Beton sollte man jedoch unterlassen,
wenn der Hund dies nicht gewohnt
ist, da sich die Hornschicht abnutzen
kann.

Im Winter ist es angebracht, nach
jedem Spaziergang die Pfoten in einem
Eimer Wasser zu waschen, damit eventuell vorhandene Salzreste nicht zwischen den Ballen verbleiben. Es könnte
sich sonst durch das Salz oder durch
Lecken des Hundes ein Zwischenze-
henekzem entwickeln, das für den
Hund sehr schmerzhaft ist. Da er diese Stellen ständig lecken will und er
Verbände schon nach kurzer Zeit selbst
entfernt, wird die Therapie meistens
langwierig und schwierig.

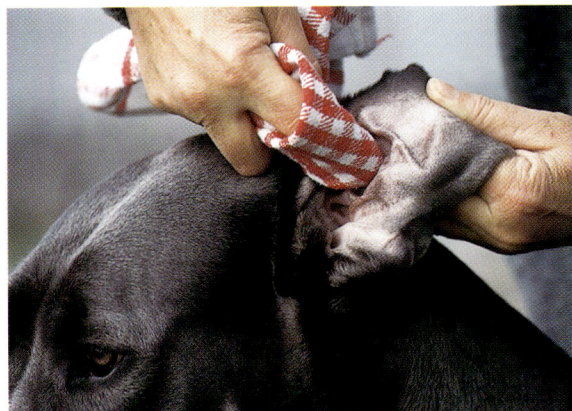

Regelmäßig
werden die Ohren
inspiziert und
ausgewischt.

▸ Ohren

Die Deutsche Dogge ist wie alle Hunde mit hängendem Ohr empfänglich für
Entzündungen des äußeren Gehörgan-
ges, auch Ohrenzwang genannt. Um
hier vorzubeugen, kontrollieren Sie
regelmäßig die Ohren und säubern den

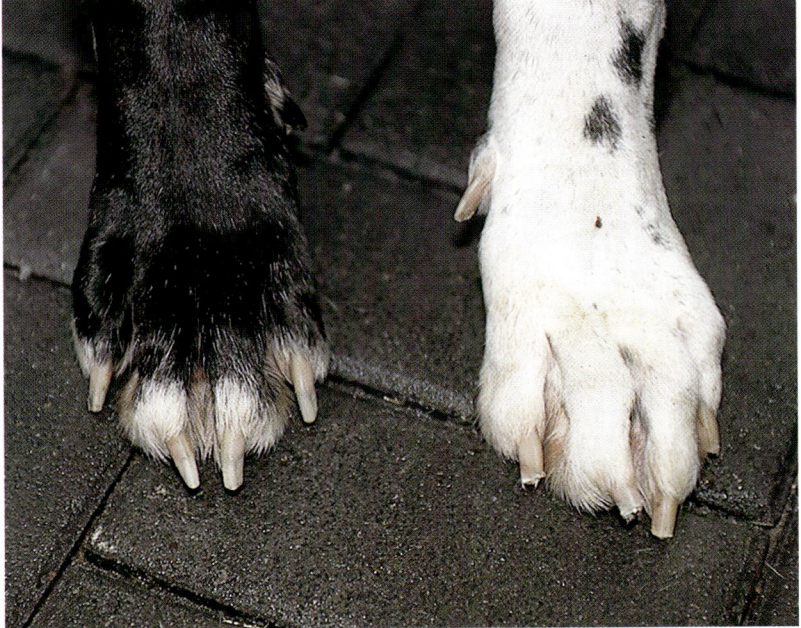

Bei geschlossenen
Pfoten nutzen sich
die Nägel ab.

äußeren Gehörgang mit einem weichen Tuch, das Sie über den Finger legen. Wenn sich vermehrt dunkler Ohrenschmalz bildet und die Dogge häufig den Kopf schüttelt, sollte ein Tierarzt aufgesucht werden. Dieser wird Ihnen nach Diagnosestellung und Anfangstherapie eventuell eine spezielle Ohrreinigungsflüssigkeit mitgeben. Diese Flüssigkeit wird möglichst vor einem längeren Spaziergang in den äußeren Gehörgang gegeben und einmassiert.

Während des Spazierganges kann Ihre Dogge den Schmutz ausschütteln. Wenn Sie dann nach Hause kommen, reinigen Sie die Ohren nochmals wie gewohnt mit einem weichen Tuch.

► **Augen**

Die Augen sind ein Spiegel der Gesundheit Ihres Hundes. Beginnende Erkrankungen kann man oft an den Augen erkennen, noch bevor sich erste klinische Erscheinungen zeigen. Sobald der Körper des Hundes vermehrt weiße Blutkörperchen bildet, die bei jeder Erkrankung die wichtigste körpereigene Abwehr darstellen, erkennt man in der Tasche des unteren Augenlides und am inneren Augenwinkel vermehrt gelbliches Sekret, das man morgens nach dem Schlafen bemerkt und auswischen sollte. Dies zeigt, daß die körpereigene Abwehr funktioniert. Wenn Symptome wie Durchfall, Husten oder Futterverweigerung folgen, sollte unbedingt ein Tierarzt aufgesucht werden.

► **Gebiß**

Die Kontrolle des Gebisses ist für Ausstellungshunde selbstverständlich und wird regelmäßig geübt. Auch beim jun-

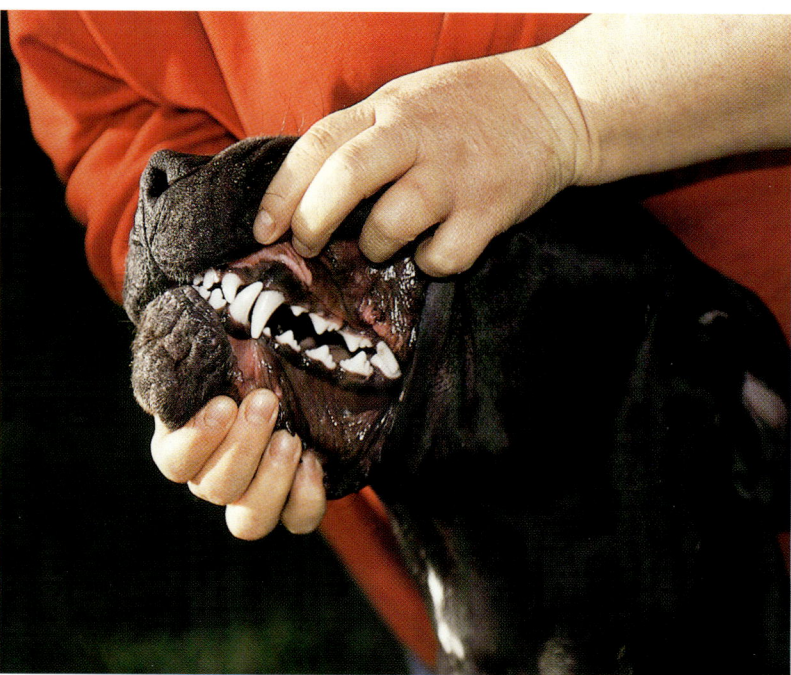

So wird das Gebiß kontrolliert.

gen Hund werden Züchter und neuer Besitzer das Gebiß auf Zahnstellung und eventuell fehlende Zähne kontrollieren. Es sollte jedoch auch beim erwachsenen und alternden Familienhund das Gebiß in Abständen von einigen Monaten auf Zahnstein untersucht werden. Erstes Anzeichen von beginnendem Zahnstein ist anhaltender unangenehmer Mundgeruch.

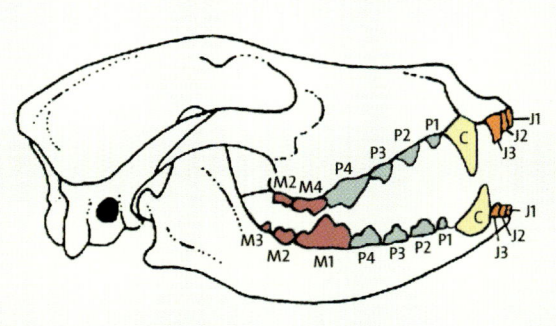

Das komplette Hundegebiß: je 3 Schneidezähne (J1–J3), 1 Eckzahn (C), 4 vordere Backenzähne (P1–P4) sowie oben 2 und unten 3 hintere Backenzähne (M1–M3).

► Zahnstein

Beginnender Zahnsteinbildung kann mit Hundekuchen oder Büffelhautknochen begegnet und vorgebeugt werden.
Wenn sich trotzdem Zahnstein bildet, kann dieser vom Tierarzt mit mechanischen Instrumenten oder unter Narkose mit Ultraschall entfernt werden.

► Analdrüsen

Die Analdrüsen sind Duftdrüsen der Fleischfresser, die sich rechts und links des Afters befinden und Ausführungsgänge im Bereich der Afterschleimhaut besitzen. Ihr Duft ist die Visitenkarte jeden Hundes. Jeder Hundebesitzer kennt das Begrüßungszeremoniell von Hunden, die sich in der Analregion beschnüffeln. Normalerweise wird mit jedem Kotabsatz ein Teil des Sekrets der Analdrüsen entleert. Wenn der Kot über einige Tage zuwenig fest ist, kann es passieren, daß die Analdrüsen nicht entleert werden. Manche Hunde neigen auch aufgrund ihrer Veranlagung dazu, daß sich die Analdrüsen nicht regelmäßig entleeren. Das Sekret sammelt sich an, und es entsteht eine Analdrüsenentzündung. Während kleinere

Rassen »Schlitten fahren«, d. h. mit dem Hinterteil auf dem Boden rutschen, lecken Doggen vermehrt die schmerzhafte Analregion. Jetzt müssen unbedingt die Analdrüsen vom Tierarzt entleert werden. Hat sich bereits eine Entzündung entwickelt, wird der Tierarzt die Analdrüsen mit Antibiotika füllen oder dem Hund Antibiotika verordnen. In besonders schlimmen Fällen kann sich sogar eine schmerzhafte Analdrüsenfistel entwickeln. Das Sekret läuft jetzt durch den Fistelkanal kontinuierlich nach außen ab. Der Hund hat dann zwar nicht mehr so starke Schmerzen, aber durch das austretende Sekret verbreitet er einen unangenehmen Gestank.

► Gesundheitsvorsorge

Natürlich gehören zur regelmäßigen Pflege Ihrer Dogge auch die jährlichen Impfungen und Wurmkuren im Jugendalter sowie die regelmäßigen Kotuntersuchungen beim erwachsenen Hund. Näheres hierzu finden Sie im nächsten Kapitel.

Rundum gesund

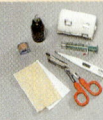

Rundum gesund

Licht, Luft und Sonne gehören zum Wohlbefinden eines jeden Hundes. Dies gilt ebenso für die Deutsche Dogge, auch wenn sie am liebsten in der Wohnung bei ihren Menschen ist. Wie jede andere Hunderasse kann die Deutsche Dogge Infektionskrankheiten und parasitäre Erkrankungen bekommen.

▶ **Impfungen**
Während der Welpenaufzuchtphase ist der Welpe beim Züchter bereits einmal gegen alle Infektionskrankheiten geimpft worden, bei denen eine Impfung möglich war. Im Alter von etwa zwölf Wochen müssen diese Impfungen vom neuen Besitzer wiederholt werden. Hierin liegt eine besondere Verantwortung des neuen Doggenbesitzers. Durch

die neue Umgebung ist der Welpe einem erhöhten Infektionsrisiko ausgesetzt. Impftermine sind daher unbedingt einzuhalten. Stellen Sie Ihren Hund dem Tierarzt Ihres Vertrauens vor, legen Sie ihm den Impfpaß vor, und sprechen Sie das erforderliche Impfprogramm mit ihm ab.

Während der Behandlungstisch in der Regel zwischen der Untersuchung der einzelnen Patienten desinfiziert wird, kann das Wartezimmer erst nach Ende der Sprechstunde gesäubert werden. Da man nie wissen kann, ob sich am selben Tag ein Hund mit einer Infektionskrankheit im Wartezimmer aufgehalten hat, sollten Sie Ihren Welpen dort nicht schnuppern lassen. Auch wenn er noch so gern mit anderen Hunden im Wartezimmer spielen möchte. Die Tierarztbesuche in den ersten Tagen nach Erhalt Ihres Welpen sind die gefährlichsten.

TIP

Wenn Sie Ihren Welpen in der Praxis Ihres Tierarztes vorstellen, müssen Sie sich immer darüber klar sein, daß Sie ein Infektionsrisiko eingehen. Behalten Sie deshalb Ihren Welpen im Wartezimmer auf dem Arm.

Bei der Geburt hatte der Welpe einen Schutz gegen alle Krankheiten, gegen die die Mutter geimpft war. Dieser Schutz gibt ungefähr bis zur 6. Lebenswoche eine belastbare Immunität. Zwischen der 6. und 10. Lebenswoche kann es bei starkem Infektionsdruck zum Ausbruch der Erkrankung kommen. Durch die in diesem Alter erfolgte erste Impfung werden die noch vorhandenen Antikörper abgefangen. Je nach Anzahl der bei dieser Impfung noch vorhandenen Antikörper ist die Wirksamkeit der ersten Impfung gut oder weniger gut. Schlimmstenfalls kommt es zu einer Neutralisation der passiven Immunität ohne Aufbau von neuen Antikörpern. Beeinflußt wird der Aufbau des Impfschutzes außerdem von dem allgemeinen Gesundheitszustand des Welpen sowie von zusätzlichen Wurminfektionen.

Die gefährlichste Zeit für den Welpen ist die Zeit vor der zweiten Impfung im Alter von 10 bis 14 Wochen: In diesem Lebensalter ist der Welpe gerade erst in seiner neuen Umgebung angekommen. Und in diese Zeit fallen die ersten Tierarztbesuche.

PARVOVIROSE ▶ Die häufigste und für den Welpen gefährlichste Infektionskrankheit ist heute die Parvovirose. Das Virus und die Krankheitserscheinungen haben Ähnlichkeit mit der bei Katzen bekannten Katzenseuche. Das Virus wird mit dem Kot ausgeschieden und ist in der Außenwelt überaus widerstandsfähig. Es hält sich üblicherweise bis zu einem Jahr und wird im Winter durch Frost konserviert. Nach Infektion über die Mundschleimhaut kommt es nach zehn Tagen zu Erbrechen, Abgeschlagenheit und Durchfällen. Diese können in der Farbe von gelbgrün bis rotbraun und in der Konsistenz von breiig bis flüssig variieren. Immer haben sie einen unangenehmen Geruch. Bei manchen Tieren kommt es zu perakutem Verlauf, d. h., sie sterben bei blutigem Durchfall innerhalb 48 Stunden an akutem Herzversagen. Bei längerem Krankheitsverlauf steht die Exsikkose (Austrocknung) im Vordergrund.

Daher ist die wichtigste therapeutische Maßnahme der Flüssigkeits- und Elektrolytersatz durch den Tierarzt in Form eines Dauertropfes neben Antibiotika und Mitteln zur Abschwächung des Erbrechens. Aufgrund der hohen Widerstandsfähigkeit des Erregers gab

Infektionskrankheiten können für Welpen gefährlich werden.

es Zuchtstätten, in denen über Jahre hinweg nur einzelne Tiere aus vielen Würfen überlebten. Erst durch einen ausgeklügelten Impfplan bei gleichzeitiger Stärkung des Immunsystems und Kombination mit Coronaimpfstoffen kann diese Erkrankung bekämpft werden. Prinzipiell sollte jeder Welpe im Welpenalter mindestens zweimal und nach der 22. Lebenswoche ein drittes Mal mit Lebendimpfstoff gegen Parvovirose geimpft werden. Danach reicht eine jährliche Auffrischung.

Wenn Welpen erkranken, bleiben nach Überstehen der Krankheit gelegentlich Herzfehler und fast immer langwierige Knochenwachstumsstörungen zurück, da wichtige Mineralien aus dem Knochen mobilisiert und mit dem flüssigen Kot ausgeschieden wurden.

CORONAVIRUSINFEKTION ▶ Ähnliche klinische Erscheinungen wie bei der Parvovirose können bei Infektionen mit dem Coronavirus entstehen. Schlechter Erfolg von Impfprophylaxe gegen das Parvovirus lassen in vielen Fällen Mischinfektionen von Parvo- und Coronaviren vermuten. In Deutschland gibt es bis heute noch keinen zugelassenen Impfstoff gegen das Coronavirus. Im Ausland, wie in den USA, den Niederlanden oder in Österreich, wird bei Kombinationsimpfungen üblicherweise gegen das Coronavirus mitgeimpft. In Zuchtstätten mit problematischen Durchfällen sollte immer neben Parvo auch gegen Corona geimpft werden.

STAUPE ▶ Die Staupe ist eine seit langem bekannte Viruserkrankung. Während sie früher eine schwere Allgemeinerkrankung von Welpen mit Symptomen wie Fieber, Nasen- und Augen-

ausfluß, Durchfall, Husten, Lungenentzündung, Augenentzündung, Hautpusteln und zentralnervösen Symptomen darstellte, hat sie sich durch langjährige Impfprophylaxe zu einer langsam verlaufenden Form entwickelt, die Hunde jeglichen Alters befallen kann. Die einzelnen Symptome treten meist nacheinander auf. Häufig wird die Diagnose erst gestellt, wenn zentralnervöse Erscheinungen auftreten. Diese werden als »Staupetick« bezeichnet. Hierunter versteht man rhythmische Krämpfe, die nach Überstehen der anderen Symptome auftreten und dauerhaft zurückbleiben. Da man Viren nach erfolgter Infektion nicht bekämpfen kann, muß sich die tierärztliche Behandlung auf eine symptomatische Therapie beschränken. Gleichzeitig werden Antibiotika gegeben, um Sekundärinfektionen mit Bakterien zu vermeiden. Wenn Hunde die Staupe im Welpenalter überstehen, kommt es fast immer beim Zahnwechsel zu Schmelzdefekten im bleibenden Gebiß. Man spricht dann vom Staupegebiß. Auf Dauer hat sich die regelmäßige Impfung zur Bekämpfung der Staupe in der Hundepopulation sehr gut bewährt. Nach zweimaliger Grundimmunisierung wird nach einem Jahr und danach nach zwei Jahren nachgeimpft.

HEPATITIS CONTAGIOSA CANIS (HCC) ▶ Hierunter versteht man eine durch ein Virus verursachte ansteckende Leberentzündung mit Fieber und ähnlichen Symptomen wie bei der Staupe. Nach einer Inkubationszeit von zwei bis neun Tagen vermehrt sich das Virus in der Leber. Klinische Symptome sind Apathie, Appetitlosigkeit, Fieber bis 41° Celsius, Schmerzhaftigkeit im Bereich des Vorderbauchs, Mandelentzündung und andere Krankheitserscheinungen. Es gibt eine stumme Verlaufsform, aber auch einen perakuten Verlauf, bei dem die Welpen in kurzer Zeit sterben. Durch die seit Jahren praktizierte Schutzimpfung ist die HCC nur noch eine seltene Erkrankung.

ZWINGERHUSTEN ▶ Dies ist eine, im englischen Sprachgebrauch auch als Kennel cough bezeichnete, hochinfektiöse Erkrankung der Atemwege des Hundes, die durch eine Mischinfektion durch mehrere unterschiedliche Viren hervorgerufen wird. Bei schwerem und hartnäckigem Verlauf sind auch Bakterien beteiligt. Das Leitsymptom ist anfangs lauter, trockener Husten, der nach einigen Tagen wieder verschwinden kann. Bei diesem Husten werden die Erreger ausgeschieden. Die Infektion erfolgt über Einatmen. Die Inkubationszeit beträgt 4–10 Tage. Je nach Erregerbeteiligung kann es zu weiteren Krankheitserscheinungen wie schwerem, feuchtem Husten, eitrigem Nasen- und Augenausfluß und Lungenentzündung kommen. Die Hunde infizieren sich in

Dank gut abgestimmter Ernährung gut entwickelter erwachsener Rüde in Ausstellungspose

der Regel auf Ausstellungen, aber auch in Kliniken, Tierpensionen und Tierheimen. Zur Vorbeugung sollte vor Beginn der kalten Jahreszeit oder auch bei Welpen gegen Zwingerhusten geimpft werden. Obwohl in dem Impfstoff nicht alle Erreger eines aktuellen Seuchenzuges erfaßt sein können, erzeugt eine zweimalige Grundimmunisierung mit jährlicher Auffrischungsimpfung einen belastbaren Infektionsschutz.

LEPTOSPIROSE ▶ Diese Erkrankung wird auch als Stuttgarter Hundeseuche bezeichnet. Sie wird von einer Gruppe von Bakterien hervorgerufen, den Leptospiren. Es können Hunde aller Altersklassen, andere Tiere wie Nager, aber auch Menschen befallen werden. Die Ausscheidung erfolgt über Urin. Sie kann jedoch auch mit dem Speichel geschehen. Nach einer Inkubationszeit von 5–20 Tagen kann es zu verschiedenen Symptomen wie hohem Fieber, Mattigkeit, Durchfall, Freßunlust oder unstillbarem Durchfall kommen. Die Hunde können stark austrocknen oder schwere Gelbsucht bekommen. Häufig sind akute oder chronische Nierenentzündungen zu beobachten. Es gibt jedoch auch stumme Infektionen. Die Diagnose erfolgt über zwei Blutuntersuchungen mit Titerbestimmungen. Je früher Antibiotika gegeben werden, desto günstiger ist die Prognose. Gegen die am häufigsten vorkommenden Leptospirenarten gibt es einen Impfstoff. Meistens werden Kombinationsimpfstoffe verwendet.

TOLLWUT ▶ Der Vollständigkeit halber muß hier noch die Tollwut erwähnt werden. Während diese Erkrankung weltweit, insbesondere in der Dritten Welt, noch viele Menschenleben fordert, spielt sie in Deutschland als Erkrankung bei Hunden glücklicherweise nur noch eine untergeordnete Rolle. Bis vor einigen Jahren war die Tollwut unter Füchsen weit verbreitet. Von den Füchsen wurde sie auf Rinder, Schafe, Pferde und durch Beißereien zwischen Fuchs und Hund auch auf den Hund übertragen. Obwohl sich das Virus in Blut, Milch, Urin und Kot befindet, kann eine Infektion nur über Speichel erfolgen, in dem sich das Tollwutvirus befindet. Dieser Speichel muß zudem in eine Wunde gelangen. Dies geschieht häufig durch einen Biß. Während die Infektion durch die fleischfressenden Haustiere nicht mehr weitergegeben wird, kommt dem Hund als engem Vertrauten des Menschen bei der Übertragung auf den Menschen eine besondere Bedeutung zu.

TIP

Grundsätzlich ist es für die Antikörperbildung günstiger, nicht alle Impfungen gleichzeitig vorzunehmen, sondern gegen die Viruserkrankungen zeitlich versetzt zu impfen. Bei den jährlichen Wiederholungsimpfungen ist es kein Problem, wenn man alle Impfungen kombiniert.

Das wichtigste und erste klinische Symptom ist bei allen Tieren die Wesensveränderung. Wildtiere wie Fuchs, Marder oder Reh verlieren ihre Scheu vor dem Menschen, ja, suchen sogar den Kontakt. Daher denkt man bei diesen Tieren bei Verlust der Scheu vor dem Menschen schnell an Tollwut. Anders ist es bei Hund und Katze, die immer den Kontakt zum Menschen suchen. Die Wesenveränderung wird dann oft-

mals als launisches Verhalten abgetan. Sie lassen sich streicheln und beißen plötzlich ohne Grund und heftig zu. Die anderen Symptome wie Unruhe, Aggressivität, Speichelfluß, Schlucklähmung und Herabhängen des Unterkiefers sind nicht immer alle ausgebildet und kommen auch bei vielen anderen Erkrankungen vor.

Nach eigenen Erfahrungen haben Hund und Katze, die an Tollwut erkrankt sind, fast immer eine schlecht heilende Bißverletzung an den Vordergliedmaßen oder am Kopf. Die Unsicherheit der Diagnosestellung am lebenden Hund und die Tatsache, daß jeder Mensch stirbt, wenn er mit dem Tollwutvirus infiziert wird, haben zu strengen gesetzlichen Bestimmungen geführt. So wird für die Einreise nach Deutschland und für die Teilnahme an Veranstaltungen für die Hunde immer eine Tollwutimpfung verlangt, die mindestens 30 Tage und nicht länger als ein Jahr zurückliegen muß. Als Impfstoff wird heute ein inaktiviertes Virus verwendet, das nach Angaben der Hersteller bereits ab der 6. Lebenswoche angewendet werden kann. In der Praxis hat sich jedoch die Impfung zum späteren Zeitpunkt, mit 12 Wochen, bewährt, da dann der Aufbau des Impfschutzes besser ist und im frühen Welpenalter andere Impfungen für den Hund wichtiger sind. Die Tollwut hat durch die Impfmaßnahmen bei den Haustieren und durch die Schluckimpfung der Füchse, die in der Vergangenheit als Erregerreservoir dienten, an Aktualität verloren. Da die Erkrankung aufgrund der langen Inkubationszeit und wegen der tödlich verlaufenden Infektion beim Menschen nicht auf die leichte Schulter genommen werden darf, muß die

Impfung gegen Tollwut weiterhin gewissenhaft durchgeführt werden.

Nicht geimpfte Hunde und Hunde, deren Impfung länger als ein Jahr zurückliegt, besitzen gegenüber geimpften Tieren einen schlechteren gesetzlichen Status. Während geimpfte Hunde nach Kontakt mit tollwutkranken Tieren amtlich nachgeimpft und danach beobachtet werden, kann bei ungeimpften Hunden bereits bei Ansteckungsverdacht die Tötung angeordnet werden.

IMPFSCHEMA ▶ Grundsätzlich kann man kein immer gültiges, generelles Impfschema propagieren. Je nach vorhandenem Infektionsdruck in der Zuchtstätte und deren Umgebung muß man gegen einzelne Viruserkrankungen früh, z.B. bereits in der 6. Lebenswoche, impfen oder spät, d. h. in der 8. Lebenswoche. Bei Parvovirose ist es immer angebracht, daß der Züchter bereits zweimal impfen läßt, bevor er die Welpen abgibt.

Unter Umständen kann es sinnvoll sein, das körpereigene Abwehrsystem vor der Impfung auf Höchstleistung zu bringen. Hierfür gibt es spezielle sogenannte Paramunitätsinducer. Diese Mittel werden auch zur unterstützenden Therapie bei Infektionskrankheiten angewandt.

PASSIVE IMMUNITÄT ▶ In den ersten Wochen nach der Geburt ist der Welpe durch die Antikörper, die er durch die Muttermilch erhält, gegen Infektionskrankheiten geschützt. Diesen passiven Impfschutz kann man eine Zeitlang verlängern, indem man im Alter von 6 bis 8 Wochen ein Impfserum mit Antikörpern injiziert. Dieses Serum wird aus dem Blut von Hunden gewonnen, die

Fünf Monate alte Junghunde in der normalen Wachstumsphase

mit Staupevirus, HCC-Virus und zwei Typen von Leptospiren hoch immunisiert wurden. Diese Methode wird häufig von Hundehändlern und Hundeproduzenten angewandt und gilt nicht als seriös. Die Tiere sehen beim Händler noch gesund aus. Wenn sie sich dort bereits infiziert haben, kommt es nach Absinken des Antikörperspiegels zum Ausbruch der Erkrankung. Auch wenn sie sich noch nicht infiziert haben, ist die passive Immunität nach einigen Wochen verbraucht, und die Tiere haben keinerlei Schutz mehr.

▶ Endoparasiten

SPULWÜRMER ▶ Auch wenn man davon ausgeht, daß bei einem seriösen Züchter die Welpen regelmäßig entwurmt wurden, ist die erste Wurmkur gegen Spulwürmer drei bis vier Wochen nach dem Erwerb des Welpen notwendig. Sieht man danach im Kot Würmer, muß man die Wurmkur nach zwei Wochen wiederholen, da mit der ersten Wurmkur nur die erwachsenen Würmer im Darm abgetötet wurden, während noch Larven im Körper wandern. Da sich ein Junghund immer wieder bei Spaziergängen mit Spulwürmern infizieren kann, muß man in regelmäßigen Abständen Wurmkuren durchführen. Bei einer Hündin empfiehlt sich dies bis zum Alter von ca. 14 Monaten, bei einem Rüden bis ca. 18 Monaten. Die Hunde können sich zwar nach diesem Alter noch mit Spulwurmeiern infizieren, es kommt jedoch nicht mehr zu Würmern im Darm. Die aus diesen Eiern schlüpfenden Larven machen eine Wanderung im Körper durch, bleiben dann jedoch symptomlos in der Muskulatur liegen. Es kommt zu keiner Infektion. Bei Hündinnen werden die Larven bei einer Trächtigkeit aktiviert und mit der Muttermilch auf die Welpen übertragen.

HAKENWÜRMER ▶ Hakenwürmer sind 9 bis 18 mm große Rundwürmer, die sich im Dünndarm in der Schleimhaut festsaugen und von Blut ernähren. Nach einer Larvenentwicklung in der Außenwelt bei Temperaturen über 20°C werden die Hunde von infektiösen Larven angesteckt, die sich durch die Haut oder Mundschleimhaut des Hundes einbohren. Sie schädigen durch erheblichen Blutentzug in erster Linie junge Hunde mit Eiweißmangelernährung.

Da sich nach der Infektion eine Immunität entwickelt, sind Hakenwurminfektionen unter optimalen Verhältnissen selten. Häufig kommen sie bei Hunden von Hundehändlern vor. Dort sind sie oft ein Bestandsproblem. Die heute bei jungen Hunden üblichen Medikamente gegen Spulwürmer sind auch gegen Hakenwürmer wirksam. Da auch erwachsene Hunde eine Hakenwurminfektion bekommen können, sollte man sich durch gelegentliche Kotuntersuchungen vergewissern, daß keine Wurminfektion vorliegt.

BANDWÜRMER ▶ Beim Hund gibt es eine Vielzahl von mehr oder weniger häufigen Bandwürmern. Alle benötigen für ihren Entwicklungszyklus einen Zwischenwirt. In diesem Zwischenwirt entwickelt sich die sogenannte Finne. Dies ist das infektiöse Stadium, das der Hund als Endwirt aufnehmen muß, damit es wieder zu einer Infektion kommt.

> **TIP**
> *Schauen Sie sich den frisch abgesetzten Kot Ihres Hundes an, und suchen Sie bei Verdacht auf Bandwurmglieder einen Tierarzt auf.*

Der häufigste Bandwurm des Hundes heißt *Dipylidium caninum* und hat den Hundefloh als Zwischenwirt. Durch Zerbeißen von infizierten Flöhen steckt sich der Hund an. Nach ca. drei Wochen scheidet der Hund mit dem Kot schubweise einzelne Bandwurmglieder aus, die wie kleine Kürbiskerne aussehen. Der gefährlichste Bandwurm ist der dreigliedrige Bandwurm des Hundes, *Echinococcus granulosus*. Dieser Bandwurm ist zum Glück nicht sehr häufig. Wenn er auftritt, besitzt der Hund jedoch einige tausend dieser Bandwürmer im Darm. Zwischenwirt sind alle Tiere, aber auch der Mensch.

Beim Menschen wächst die Finne infiltrativ in der Leber und kann die Größe eines Fußballes erreichen. Der Hund wird meistens durch Verfüttern von roher Rinderlunge infiziert. Nach einer Zeit von sechs bis acht Wochen scheidet der Hund die nur bis zu 6 mm langen, rötlichen Endglieder aus. Sie befinden sich auf der Oberfläche des Kothaufens und zerfallen bereits nach einigen Stunden und setzen die infektiösen Eier frei. Bei den üblichen Kotuntersuchungen im Labor werden diese Eier oft nicht gefunden, weil sie bei dem üblichen Verfahren ausgespült werden.

Auch beim Vorliegen der anderen beim Hund vorkommenden Bandwürmer, die durch rohe Schlachtabfälle oder Mäuse übertragen werden, kann man die Infektion an ausgeschiedenen Gliedern im frischen Kot erkennen.

▶ Ektoparasiten

FLÖHE ▶ Eines Tages wird sich auch Ihre Dogge einmal Flöhe einfangen. Ihr Hund kann sich beim Kontakt zu anderen Hunden, aber auch zu Igeln oder wenn er sich im Bereich anderer Hunde aufgehalten hat, mit Flöhen infizieren.

▶ TIP

Wenn sich Ihr Hund kratzt, sollten Sie immer Flöhe in Betracht ziehen und das Fell gründlich auf Flöhe und Flohkot untersuchen.

Lieblingssitze der Flöhe sind über dem Rutenansatz, zwischen den Schulterblättern und hinter den Ohren. Gerade bei der Dogge läßt sich oft schwarzer Flohkot in den weißen Abzeichen der Brust von weitem erkennen. Der Entwicklungszyklus von Flöhen dauert unter normalen Temperaturverhältnissen drei Wochen. Die blutsaugenden Flöhe scheiden mit dem Kot Eier aus, aus denen die Larven schlüpfen. Diese Larven entwickeln sich entfernt vom Hund und leben von organischem Material wie Hautschuppen, Flohkot und anderem organischem Abfall. Die ersten Flöhe, mit denen sich der Hund infiziert hat, werden in der Regel übersehen. Die nächste Generation erscheint schlagartig in großer Zahl auf dem Hund. Spätestens jetzt sollten Sie sich mit den verschiedenen Medikamenten gegen Flöhe vertraut machen. In den letzten Jahren haben die Flöhe gegen die früher erfolgreichen Medikamente eine Resistenz entwickelt. Die noch vor kurzer Zeit üblichen Therapien mit Puder, in Wasser aufgelösten Insektiziden oder Flohhalsbänder zeigen heute nicht mehr den gewünschten Erfolg. Dafür gibt es seit einigen Jahren wochenlang wirkende Mittel, die auf die

Äußere und innere Parasiten

1. Hundefloh
2. Zeckenmännchen
3. Zeckenweibchen
4. Haarbalgmilbe
5. Herbstgrasmilbe
6. Grabmilbe
7. Spulwurm
8. Bandwurm

Haut zwischen den Schulterblättern des Hundes aufgebracht werden oder mit dem Futter verabreicht werden. Im Gegensatz zu den früher üblichen Giften wirken diese Mittel auf den Chitinstoffwechsel der Flöhe, wenn sie das Medikament mit dem Hundeblut aufnehmen. Diese Mittel erhalten Sie bei Ihrem Tierarzt.

Der Flohstich verursacht eine lokale Hautrötung mit Juckreiz, nicht nur beim Hund, sondern auch beim Menschen.

> ### ▶ Info
>
> Denken Sie daran, daß ein großer Teil der Flohpopulation sich noch nicht auf dem Hund befindet und erst nach Abschluß des Larvenstadiums auf Ihren Hund oder eventuell auf Sie wartet.

Bei einem Massenbefall von Flöhen kommt es fast immer zu Hautekzemen, die durch eine allergische Reaktion auf den Flohspeichel hervorgerufen werden. Der Floh ist zudem Überträger verschiedener Krankheiten und fungiert als Zwischenwirt für den häufigsten Hundebandwurm.

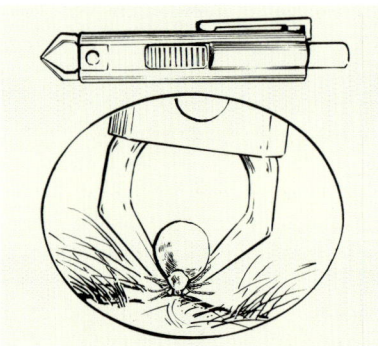

Mit der Zeckenzange kann man die festgesaugte Zecke einfach und sicher entfernen.

ZECKEN ▶ Die häufigste Zecke in Mitteleuropa ist *Ixidus rizinus*, der gemeine Holzbock. Nachdem sie an Kaltblütern wie Reptilien gesaugt hat, wartet sie auf Büschen und Gräsern auf warmblütige Wirte. Wenn sie den Geruch eines Hundes wahrnimmt, läßt sie sich auf ihn fallen. Sie sucht sich auf dem Hund eine wenig behaarte Stelle, um dort zu stechen. Dabei verankert sie sich mit ihrem Saugrüssel tief in der Haut. Nach wenigen Tagen hat sie sich bis zur Erbsengröße vollgesogen, um sich dann fallen zu lassen.

Der Holzbock verursacht eine geringfügige lokale Hautschwellung. Das Gefährliche ist neben der Übertragung des Virus der Frühsommer-Meningoenzephalitis (FSME) die Übertragung der Borelliose. Etwa zehn bis zwanzig Prozent der Zecken sind mit Bakterien infiziert, die diese Krankheit hervorrufen. Die Borelliose ist eine langwierige, nur über Bluttiter zu diagnostizierende Erkrankung. Nach Rötung und starker Schwellung im Bereich der Bißstelle kann es zu Lahmheiten und Nierenfunktionsstörungen kommen. In diesen Fällen ist unbedingt ein Tierarzt aufzusuchen.

Aus südlichen Ländern ist eine andere Zecke, *Rhipicephalus sanguines*, eingewandert, die neben dem menschlichen Flecktyphus die Babesiose übertragen kann. Dies ist eine in südlichen Ländern vorkommende Bluterkrankung, die bei Hunden von sehr unterschiedlichen Symptomen, z. B. schwere Gelbsucht oder Anämie, gekennzeichnet ist.

Zecken sollten daher sofort nach Befall entfernt werden, am besten, wenn man sie auf dem kurzhaarigen Fell der Dogge herumkrabbeln sieht, noch bevor sie sich festgesaugt haben. Wenn sich die Zecke bereits in die Haut eingegraben hat, kann sie mit einer speziellen Zeckenzange am Kopf gefaßt und mitsamt den Mundwerkzeugen herausgedreht werden.

DEMODEKOSE ▶ Die Haarbalgmilbe *Demodex canis* lebt in den Haarbälgen, bei starkem Befall auch in den Talgdrüsen bis hin zu den Lymphknoten der Haut. Die Demodekose ist eine Erkrankung junger Hunde vorwiegend kurzhaariger Rassen. Erste Krankheitserscheinungen treten im Alter von vier Monaten auf, indem die Haare um die Augen spärlicher werden. In der Folge breiten sich die Hautveränderungen auf Bauch, Brust und Schenkel aus.

Neben dieser allmählich fortschreitenden Form, in deren Endstadium dem Hund blutiger Eiter zwischen den Zehen herausläuft, gibt es noch eine akute Form, bei der die Tiere in wenigen Tagen sterben. Die Übertragung erfolgt von der Mutter auf die Welpen, wenn sie in der Wurfkiste am Gesäuge der Mutter liegen und saugen. In einigen Gegenden sollen über achtzig Prozent der gesunden Hunde Demodexmilben beherbergen.

Zur Ausbildung einer Demodekose kommt es erst beim Vorliegen einer Immunschwäche der Welpen. So können einzelne Rüden die Empfindlichkeit für die Krankheit vererben, oder es erkranken aus einem Wurf nur die gefleckten Welpen, während die schwarzen keinerlei Symptome zeigen. Die Diagnose ist durch mikroskopische Untersuchung eines tiefen Hautgeschabsels durch den Tierarzt zu stellen. Nach vielfältigen, unbefriedigenden Therapieversuchen vergangener Jahre hat sich in der letzten Zeit ein äußerlich

anzuwendendes Präparat mit dem Wirkstoff Amitraz als äußerst erfolgreich herausgestellt, das in Deutschland zur Zeit jedoch noch nicht zugelassen ist.

OHRMILBEN ▶ Diese Milben leben im äußeren Gehörgang des Hundes. Sie stechen dort die Haut an und ernähren sich von austretenden Gewebssäften. Sie erzeugen einen starken Juckreiz und vermehrte Produktion von lästigem Ohrenschmalz. Der Hund schüttelt häufig mit dem Kopf und versucht, sich am Ohr zu kratzen. Die Diagnose stellt der Tierarzt durch Nachweis von Milben im Ohrsekret.

> **TIP**
> *Bei vermehrter Bildung von dunklem Ohrenschmalz besteht der Verdacht auf Ohrmilben.*

▶ Durchfall

Besonders bei jungen Hunden sind Durchfälle *(Diarrhoe)* häufig. Die Ursachen hierfür sind vielfältig. Relativ ungefährlich ist der Durchfall nach einer Futterumstellung. Aber auch auf trockenen Hundekuchen ohne Wassergabe oder auf Verzehr von Knochen reagieren viele Hunde mit Durchfall. Ebenso kann nach Aufnahme von Schnee oder Meerwasser ein hochgradiger Durchfall entstehen. Nach ein oder zwei Hungertagen kann man vorsichtig beginnen, den Hund wieder anzufüttern, am besten mit Weißbrot.

Häufiger ist der Durchfall ein Symptom einer anderen Erkrankung. Dies kann beispielsweise eine Wurmerkrankung, eine Kokzidieninfektion oder eine Viruserkrankung wie Parvovirose, Coronavirusinfektion oder Staupe sein. Ist der Durchfall mit Fieber verbunden, ist immer sofort der Tierarzt aufzusuchen. Bei jedem Durchfall sollten Sie Ihren Hund ein bis drei Tage hungern lassen. In dieser Zeit kann sich der Darm beruhigen. Zu trinken gibt man verdünnten schwarzen Tee. Da man als Wirkstoff die Gerbstoffe des Tees benötigt, läßt man den Tee zehn Minuten ziehen. Danach verdünnt man den Tee mit zwei Teilen Wasser, also im Verhältnis 1 : 2, da der Hund ihn sonst nicht trinken würde.

▸ Erkrankungen der Nickhaut

HYPERTROPHIE DER NICKHAUTDRÜSE ▸ Als Nickhaut bezeichnet man das dritte Augenlid, das sich am inneren Augenwinkel mehr oder weniger weit über den Augapfel zieht. Die Nickhaut wird in ihrem Inneren durch den Blinzknorpel gestützt. Auf der Rückseite der Nickhaut befindet sich ein Abwehrorgan, die Nickhautdrüse. Bei einer Entzündung dieser Drüse schwillt sie an, ihre Oberfläche sieht dann aus wie eine Himbeere und reibt auf dem Augapfel. Wegen dieses Schmerzes zieht sich der Augapfel zurück, und der Hund fängt an zu blinzeln. Bei dieser Erkrankung müssen Sie einen Tierarzt aufsuchen, der die Rückseite der Nickhaut ausschabt oder mit einem Thermokauter vorsichtig wegbrennt.

NICKHAUTUMSTÜLPUNG ▸ Häufig kommt es bei jungen Deutschen Doggen durch die Spannung des Blinzknorpels in Verbindung mit dem Zurückziehen des Augapfels zur Umstülpung der Nickhaut nach außen. In einigen Familien kommt diese Erkrankung häufiger vor. Dieser Zustand sollte unbedingt einem tierärztlichen Spezialisten vorgestellt werden. Es gibt eine sehr elegante Operationsmethode, die leider nicht zum allgemeinen tierärztlichen Wissensschatz gehört. Das von vielen Tierärzten praktizierte Entfernen der gesamten Nickhaut stellt einen tierärztlichen Kunstfehler da. So verunstaltete Hunde werden für den Rest ihres Lebens unter entzündeten Augen leiden und schlimmstenfalls später erblinden.

▸ Ektropium

In den letzten Jahren kann man in der Doggenzucht zunehmend Tiere mit extrem ausgeprägter, fast übertypischer Belefzung beobachten. Diese starke Belefzung ist häufig mit einem offenen Auge kombiniert, d. h., das untere Augenlid liegt nicht geschlossen an, sondern hängt etwas herunter. Dabei ist das Augenlid nicht auswärts gedreht, sondern wird durch das Gewicht der Belefzung heruntergezogen. Die Bindehaut liegt dabei frei, und es kommt zu einer ständigen Reizung. Die Richter des Deutschen Doggen Clubs achten in der letzten Zeit bei Ausstellungen vermehrt darauf, daß die Hunde ein geschlossenes Auge haben, also das untere Augenlid gut anliegt.

> **TIP**
> *Bereits beim Welpenkauf sollte man auf ein geschlossenes Auge achten.*

▸ Entropium

Ein bei vielen anderen Rassen beobachtetes Einrollen des Augenlides bezeichnet man als Entropium. Dies kommt bei Doggen ziemlich selten vor. Es kann jedoch passieren, daß in Verbindung mit einem offenen Unterlid ein Teil des oberen Augenlides eingerollt ist. Fast immer ist der äußere Teil des oberen Augenlides betroffen. Auch dies ist in der Regel schon beim Welpen zu beobachten.

▶ Magendrehung

Bei allen großen Rassen kann es durch einen locker aufgehängten Magen und Umwelteinflüsse zu einem Umschlagen des Magens kommen. Die Ursache ist meist eine bestimmte Drehbewegung des Hundes, bei der sich der Magen aufgrund seiner Trägheit nicht mitdreht. Gefördert wird dies durch gärendes Futter, das dem Magen Auftrieb verleiht. Auch wenn sich in der Bauchhöhle vermehrt Flüssigkeit ansammelt, wie dies bei zunehmender Herzschwäche im Alter entstehen kann, kommt es leicht zur Magendrehung. Mageneingang und Magenausgang sind nicht mehr durchgängig, die Gefäße, die den Magen versorgen, werden abgedreht. Es kommt zum Aufblähen des Magens und zu massiven Kreislaufproblemen. Der Bauch ist prall gebläht wie ein Luftballon, der Hund speichelt und versucht zu erbrechen. Der Hund ist unruhig, Atem- und Herzfrequenz sind beschleunigt. Es besteht akute Lebensgefahr, der Hund muß sofort operiert werden. Ohne Operation ist der Hund oft nach wenigen Stunden verendet.

▶ Milzabschnürung

Nahe dem Magen im Gekröse des Magens liegt die Milz. Durch bestimmte Bewegungen des Hundes oder wenn sich eine beginnende Magendrehung wieder in die normale Lage zurückdreht, kann die Milz um ihre eigene Achse gedreht werden. Die zur Milz führenden Blutgefäße werden abgeschnürt. Blut gelangt durch den arteriellen Blutdruck noch in die Milz, aber nicht wieder heraus. Die Milz füllt sich mit mehreren Litern Blut. Klinisch ist dieser Zustand durch enorme Schmerzen und Kreislaufprobleme

Im Zahnwechsel werden schon mal Zweige als Spielzeug zum Kauen verwendet.

gekennzeichnet. Der Hund zieht plötzlich extrem den Rücken auf und mag vor Schmerzen keinen Schritt mehr gehen. Jetzt muß unverzüglich ein Tierarzt aufgesucht und der Hund operiert werden. Meistens sind die Veränderungen der Milz schon so gravierend, daß sie entfernt werden muß.

▶ Mandelentzündung

Immer häufiger hört man, daß Deutschen Doggen die Mandeln entfernt werden müssen. Die Mandeln sind ein Abwehrorgan und haben ihre Bedeutung für die Gesunderhaltung. Sie liegen rechts und links vor dem Kehlkopf in einer Schleimhautfalte. Wenn man dem Hund in den Rachen schaut, sieht man die Schleimhautfalte, die Mandeln sind jedoch nicht zu erkennen. Wenn die Mandeln vergrößert sind, schwellen sie an, so daß sie aus der Schleimhautfalte hervorragen. Der Hund empfindet sie als Fremdkörper im Hals und beginnt zu würgen. Meist erbricht der Hund dann etwas weißen oder gelblichen Schleim. Wie beim Menschen kann auch beim Hund eine chronische Mandelentzündung Ursache für Anfälligkeit gegen andere Erkrankungen oder Verzögerungen in der Entwicklung des jungen Hundes sein. Bevor Sie jedoch die Mandeln operativ entfernen lassen, versuchen Sie die Ursache zu ergründen.

▶ Ursachenforschung

Überprüfen Sie den Schlafplatz Ihres Hundes. Fußkalte Wohnungen oder ein zugiger Schlafplatz sind die häufigsten Ursachen für wiederkehrende Mandelentzündungen.

▶ Scheinschwangerschaft

Die Deutsche Dogge neigt wie alle sensiblen Hunderassen zur Schweinschwangerschaft. Nach der Läufigkeit wird die Hündin träge, will oft nicht mehr spazierengehen, gräbt Löcher im Garten und holt sich Spieltiere, die sie bemuttert. Das Gesäuge schwillt an, und es kommt manchmal zur Milchsekretion.

Die wichtigste Maßnahme, um eine Scheinträchtigkeit zu verhindern, ist eine reduzierte Fütterung nach der Läufigkeit. In den ersten drei Wochen nach der Hitze, also gerade wenn der Appetit der Hündin am größten ist, sollte sie ca. fünf Kilo abnehmen. Außerdem kann man sie ablenken, alle Spieltiere entfernen und sie zum Spaziergang zwingen. In ganz schweren Fällen hat Ihr Tierarzt homöopathische Medikamente, die die Hündin umstimmen.

▶ Gebärmuttervereiterung

Nach der Läufigkeit stellt sich der Organismus der Hündin auf eine Trächtigkeit ein, egal ob sie belegt wurde oder nicht. Die Gebärmutter produziert ein Sekret, das normalerweise der Ernährung der Embryonen dient. Wird dieses Sekret nicht verbraucht, weil sich keine Embryonen entwickeln, staut sich das Sekret an. Daraus kann sich steriler Eiter entwickeln, der die Gebärmutter bis zur Armstärke anfüllt. Die Hündin stellt das Fressen ein, wird apathisch und trinkt vermehrt. Sobald man bemerkt, daß die Hündin häufiger Durst hat, sollte man umgehend einen Tierarzt aufsuchen.

Im Anfangsstadium läßt sich oft eine beginnende Gebärmuttervereiterung mit Medikamenten heilen. Man nimmt hier homöopathische Mittel, die eine vermehrte Durchblutung der Geschlechtsorgane bewirken. Der Muttermund öffnet sich, und der Eiter kann abfließen. Auf keinen Fall sollte die Öffnung des Muttermundes durch Hormongaben erfolgen, wie dies manchmal praktiziert wird.

Eine solche Hormongabe führt bei Deutschen Doggen fast immer zur Verschlechterung des Krankheitszustandes und kann den Tod der Hündin zur Folge haben. Wenn man mit seiner Hündin nicht züchten will, ist die Totaloperation, die operative Entfernung von Eierstöcken und Gebärmutter, angezeigt.

▶ Hüftgelenksdysplasie (HD)

Darunter versteht man eine degenerative Veränderung des Hüftgelenks. Das Hüftgelenk besteht aus der Gelenkpfanne, die aus verschiedenen Beckenknochen gebildet wird, und dem von ihr umfaßten Oberschenkelkopf. Bei den in verschiedene Grade eingeteilten Veränderungen der HD kommt es zu einer mehr oder weniger starken Abflachung der Pfanne, zur Divergenz des Gelenk-

spaltes, zu einem nicht mehr klar abge-
setzten Oberschenkelhals und zu Auf-
lagerungen im Bereich des Gelenkes.

Die Röntgenbefunde teilt man nach
dem Grad der Veränderungen ein in
frei (0), Verdacht (1), leichte HD (2),
mittlere HD (3) und schwere HD (4).

Der Ausbildungsgrad der HD ist
zum Teil genetisch bedingt, wird aber
durch Umwelteinflüsse wie Fütterung
und Bewegung im Wachstumsalter
beeinflußt. Je stärker die Veränderungen sind, um so eher kommt es durch
chronische Entzündungsprozesse zu
erheblichen Schmerzzuständen, die
sich dann klinisch bemerkbar machen:
bei mittlerer HD mit zunehmenden
Alter, bei schwerer HD bereits beim
jungen Hund.

Obwohl die Deutsche Dogge eine
große und schwere Rasse ist, gibt es
nur sehr wenige Hunde mit mittlerer
oder schwerer HD. Auf die vom Deutschen Doggen Club vorgeschriebene
züchterische Sorgfalt wird im Kapitel
»Deutsche Doggen züchten« näher
eingegangen.

▶ Ellenbogendysplasie

Unter diesem Begriff faßt man analog
der Hüftgelenksdysplasie degenerative
Veränderungen des Ellenbogengelenks
zusammen. Dabei handelt es sich um
einen Sammelbegriff für verschiedene
Erkrankungen des Ellenbogengelenks.
Bei Deutschen Doggen ist ein Röntgen-
befund des Ellenbogengelenks bisher
noch nicht vorgeschrieben, wenn man
mit dem Hund züchten will. Wenn sich
jedoch beim wachsenden Junghund
Lahmheiten der Vordergliedmaßen einstellen, die über einen längeren Zeitraum anhalten, sollte auf jeden Fall das
Ellenbogengelenk geröntgt werden.

Solche wachstumsbedingten
Lahmheiten können häufig durch
Umstellung auf optimales Futter,
Verminderung der Belastung und
durch homöopathische Therapie be-
hoben werden, ohne daß später im
Röntgenbild Veränderungen zu er-
kennen sind.

▶ Herzerschlaffung

Von den verschiedenen Herzerkran-
kungen, die bei Hunden vorkommen,
ist bei der Deutschen Dogge nur die
Herzerschlaffung (Herzdilatation) von
Bedeutung. Diese Erkrankung tritt in
unterschiedlichem Alter auf, meistens
im Alter von ein bis eineinhalb Jahren
oder erst ab 6 Jahren.

Die Herzdilatation im jugendlichen
Alter ist durch zu schnelles Wachstum
des jungen Hundes zu erklären. Das
Herz hält mit dem schnellen Wachstum des Hundes nicht Schritt. Bei
zunehmender Größe des Hundes
muß das Herz immer mehr arbeiten,
und es kommt durch die ständige Über-
belastung zu einem Erschlaffen des
Herzmuskels. Mit zunehmendem Alter ursprünglich kerngesunder Hunde
kann es ab sechs Jahren zu einer solchen Herzerschlaffung mit Herzver-

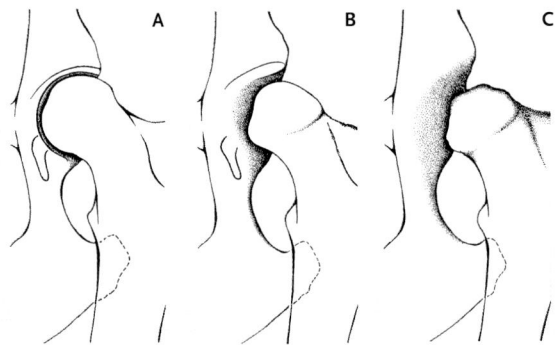

Hüftgelenksdysplasie (HD)
A) normales Hüftgelenk   B) mittlere HD   C) schwere HD

sagen kommen. Mit beginnender Erkrankung kann man durch Gaben von homöopathischen Medikamenten oder durch Gabe von Digitalispräparaten den Krankheitsverlauf verzögern. Eine Heilung gibt es jedoch nicht. Im Verlauf dieser Erkrankung kann es zu einer Flüssigkeitsansammlung in der Bauchhöhle kommen, sogenannte Bauchwassersucht, die wiederum eine Magenumdrehung begünstigt.

▶ Tumoren

Im Gegensatz zu anderen Hunderassen sind bei Deutschen Doggen Tumoren selten. Lediglich Knochentumoren treten gelegentlich auf. Fast immer entsteht der Knochentumor an einer Vordergliedmaße.

▶ Rückenekzem

Bei dieser Erkrankung tritt ein plötzlicher starker Juckreiz bevorzugt auf dem Rücken des Hundes auf. Innerhalb von Stunden entwickelt sich ein nässendes Ekzem. An dieser Stelle gehen die Haare aus, und die Haut wird verdickt. Ohne Therapie kann sich die entzündete Hautstelle schnell ausbreiten. Aufgrund des Juckreizes beißt und leckt der Hund diese Stelle, die daraufhin sehr schnell größer werden kann.

Diese Erkrankung beruht fast immer auf einer allergischen Reaktion und kann durch gewürzte Speisen oder auch nur geringgradigen Flohbefall entstehen. Ein solcher Hund gehört rasch in tierärztliche Behandlung und sollte unbedingt auf Flohbefall kontrolliert werden. Bei Hunden, die zu Rückenekzem neigen, muß man immer wieder mit dem Auftreten dieser Erkrankung rechnen.

▶ Aufgeschlagene Rute

Eine speziell bei Deutschen Doggen vorkommende Erkrankung ist die Entzündung der Rutenspitze nach einer Verletzung. Es gibt Doggen, die sich so überschwenglich freuen, daß sie sich die Rutenspitze an Gegenständen aufschlagen und Blut herausspritzt.

Ursachen sind neben dem Anschlagen an Gegenständen, die im Wege stehen, auch eine Veranlagung zum Rutenschlagen. Es gibt Hunde, die sich die Rute am eigenen Körper rechts und links an der Brustwand aufschlagen. Wenn erst einmal an der Rutenspitze die Blutzirkulation gestört ist, entsteht sehr schnell eine Entzündung. Die Rutenspitze wird verdickt, die Haare gehen aus. Das führt dazu, daß die Rutenspitze noch empfindlicher für Irritationen wird. Es entsteht ein Teufelskreis. Auch wenn die Rute verheilt, bildet sich häufig an der Stelle eine brüchige Hornhaut, die in der Folgezeit immer sehr empfindlich bleibt. Wenn man diese Entzündung in den Anfängen nicht in den Griff bekommt, ist häufig die Amputation des entzündeten Teils unumgänglich.

> **▶ Vorsicht:**
>
> Wenn Ihre Dogge hinter Türen und Toren auf Sie wartet und sich freut, kann sie sich leicht die Rute aufschlagen, wenn sie dabei eine Wand oder einen Zaun berührt.

▶ Erste Hilfe

Es gibt einige Grundübungen, die nicht nur für den Notfall, sondern auch bei Erkrankungen hilfreich sind.

FIEBER MESSEN ▶ Wenn möglich, nehmen Sie ein Digitalthermometer, da dies viel schneller mißt. Reiben Sie die Spitze mit Vaseline ein, und führen Sie sie dann sanft in den After ein. Die Normaltemperatur beträgt etwa 38 °C. Sie kann bei Anstrengung, Nervosität, heißem Wetter und jungen Hunden höher sein, maximal 38,5 °C, in Ausnahmefällen auch einmal 39 °C.

PULS MESSEN ▶ Den Puls spürt man am besten an der Innenseite des Oberschenkels. Mit dem Zeige-, Mittel- und Ringfinger sucht man einen Strang, die *Arteria femoralis*. Wenn man sanft darauf drückt, spürt man den kräftigen Pulsschlag. Bei der Deutschen Dogge beträgt dieser 70 bis 120 Schläge pro Minute.

ATEMFREQUENZ ▶ Beobachten Sie den Hund einmal genau, wenn er schläft, und merken Sie sich die Stelle, an der Sie gut sehen, wie sich der Bauch hebt und senkt. Die normale Atemfrequenz beträgt 10 bis 20 Atemzüge pro Minute. Wenn der Hund hechelt, steigt sie natürlich an.

OHREN- UND SCHNAUZENKONTROLLE ▶ Untersuchen Sie regelmäßig die Ohren, damit Sie einerseits wissen, wie sie im gesunden Zustand aussehen, und damit Sie andererseits schnell merken, wenn etwas nicht in Ordnung ist. Schauen Sie dem Hund regelmäßig in die Schnauze, und kontrollieren Sie Zähne, Zahnfleisch und den vorderen Gaumen.

SCHLEIMHAUTKONTROLLE ▶ Die Farbe der Schleimhaut kontrolliert man am Zahnfleisch, den Lefzen, aber auch an der Bindehaut des Auges. Die normale Farbe ist blaßrosa bis rosa. Bei Schock und Blutungen sind die Schleimhäute hell bis weiß, bei Lebererkrankungen gelblich und bei Entzündungen und Kreislauferkrankungen gerötet.

TABLETTEN EINGEBEN ▶ Trainieren Sie ab und zu mit einer harmlosen Vitamintablette, damit Sie im Ernstfall nicht jedesmal eine ganze Wurst benötigen. Öffnen Sie dem Hund die Schnauze und plazieren die Tablette im Rachen so weit hinten wie möglich. Dann schließen Sie dem Hund die Schnauze, und streichen Sie ihm an der Kehle über den Hals. Der Hund schluckt dann ab. Loben Sie ihn.

SCHNAUZE ZUBINDEN ▶ Oft kann es notwendig sein, sicherzustellen, daß der

Das Schnauzenband ist schnell angelegt.

Hund nicht um sich beißt. Hierzu benötigt man keinen Maulkorb, sondern lediglich eine Mullbinde oder eine elastische Binde, die sich in jedem Autoverbandskasten befindet. Man wickelt die Binde ab und macht einen noch offenen Knoten, den man über die Schnauze schiebt. Nach vorsichtigem Festziehen unter dem Kinn führt man beide Enden der Binde unter dem Hals durch und verknotet fest im Nacken. Die Dogge kann so ihre Schnauze nicht mehr öffnen und nicht mehr zubeißen, auch wenn ihr bei Bewegungen einer gebrochenen Gliedmaße heftige Schmerzen entstehen.

RUFNUMMER DES TIERARZTES ▶ Wenn Ihr Hund einen Verkehrsunfall verursacht oder sich eine Schnittverletzung zugezogen hat, plötzlich aufbläht wie bei einer Magenumdrehung oder in eine Beißerei verwickelt wurde, kann die schnelle Vorstellung bei einem kompetenten Tierarzt lebensrettend sein. Die wichtigste präventive Maßnahme ist daher, die Telefonnummer des Tierarztes mit sich zu führen. Außerdem sollte man den Tierarzt umgehend telefonisch unterrichten, wenn man nach einem Unfall in seine Praxis unterwegs ist, damit dieser bereits alles vorbereiten kann.

Kaum jemand wird auf Spaziergängen eine Erste-Hilfe-Tasche mit sich herumtragen. Daher sollen hier nur Tips gegeben werden, wie man in Notsituationen mit dem Unfallhund umgeht, vergleichbar mit dem Erste-Hilfe-Kurs für Führerscheinanfänger. Außerdem besitzt jeder Autofahrer den genormten, von der Polizei kontrollierten Verbandskasten im Auto. Hierin sind die notwendigen Dinge vorhanden, die man auch in Notsituationen für einen Hund benötigt, bevor der Hund später einem Tierarzt vorgestellt werden kann.

KNOCHENBRÜCHE ▶ Die schlimmste Situation, die man sich vorstellen kann, ist die Kollision der Deutschen Dogge mit einem oder mehreren Autos. Erfahrungsgemäß liegt der Hund dann an der Unfallstelle und kann und will sich auch nicht mehr bewegen. Jetzt sind die klassischen Notfalluntersuchungen angezeigt. Man geht nach einem einfachen Schema vor, wie man es vom Notfallkurs beim Menschen kennt. Als Eselsbrücke hat man sich die Buchstaben ASAP gemerkt. Hierbei steht

A für Augenkontakt,
S für Spontanatmung,
A für arterielle/venöse Blutungen und
P für Puls.

Spätestens jetzt werden Sie froh sein, wenn Sie diese Untersuchungen früher schon einmal geübt haben. ASAP bedeutet aber auch: as soon as possible contact the veterinary. Zu deutsch: So schnell wie möglich den Hund einem Tierarzt vorstellen.

SCHNITTVERLETZUNGEN ▶ Häufig passiert es, daß sich Deutsche Doggen bei Spaziergängen oder beim Toben mit anderen Hunden an scharfkantigen Gegenständen oder im Winter an Eis Schnittverletzungen im Bereich der Ballen zuziehen. Solche Verletzungen bluten stark. Sie müssen unbedingt fachgerecht genäht werden, damit sich keine Entzündung entwickelt, die unter Umständen dauerhafte Schäden mit Lahmheit verursacht. Verletzungen dieser Art sind immer so frisch wie möglich dem Tierarzt vorzustellen. Um die Blutung zu stillen, benutzt man eine im

Autoverbandskasten vorhandene Kompresse, die man mit einer Mullbinde fest fixiert. Damit der provisorische Verband nicht abrutscht, klebt man ihn am oberen Rand am Fell fest. Hierzu benutzt man ein Heftpflaster, das man im Verbandskasten im Auto findet. Ein solcher Druckverband darf nicht lange anliegen bleiben. Er muß vom Tierarzt entfernt werden, der die Schnittfläche näht und den Hund antibiotisch versorgt.

VERLETZUNGEN DER HAUT ▶ Grundsätzlich sollten alle Verletzungen der äußeren Haut durch einen Tierarzt versorgt werden. Bei einem kurzhaarigen Hund wie der Deutschen Dogge ist es wichtig, daß alle Verletzungen der Haut verheilen, ohne daß sich eine Entzündung entwickelt. Damit keine Narbe entsteht, müssen auch relativ kleine Verletzungen genäht werden. Auf jeder Narbe wachsen nämlich später keine oder nur weiße Haare. Dies sieht bei einfarbigen Doggen nicht gut aus. An solchen Narben kann man übrigens oft schon von weitem Hunde erkennen, die gern raufen.

SCHOCK ▶ Nach Unfällen kann sich auch einmal ein Schock einstellen. Der Hund wirkt verwirrt, verliert die Orientierung, die Schleimhäute sind blaß, die Atmung ist oberflächlich, der Hund japst nach Luft. Manchmal werden Harn und Kot unkontrolliert abgegeben. Hier muß das Ziel sein, den Hund so schnell wie möglich zum Tierarzt zu transportieren. Dabei sollte man ihn auf eine Decke legen, den Kopf etwas tiefer als den Körper, und ihn mit einer weiteren Decke warm zudecken. Herrchen oder Frauchen werden beruhigend auf

ihn einreden und ihn streicheln. Liegt der Hund auf der Seite, darf der Kopf nicht nach unten abgewinkelt sein, damit der Hund möglichst viel Luft bekommt. Die Schnauze darf natürlich nicht zugebunden werden.

> **TIP**
>
> *So große Hunde wie Deutsche Doggen sollten auf dem Rücksitz nur angegurtet transportiert werden, am besten jedoch auf der Ladefläche eines Kombis. Das Absperrgitter muß stabil und fest mit der Karosserie verschraubt sein.*

ÜBERHITZUNG ▶ In den Sommermonaten kann es durch Gedankenlosigkeit des Hundebesitzers vorkommen, daß ein Hund im Auto bei geschlossenem Fenster durch Sonneneinstrahlung

Lassen Sie beim Abstellen des Autos ein Fenster geöffnet, um einem Hitzschlag vorzubeugen.

In Licht, Luft und Sonne fühlt sich die Dogge wohl.

überhitzt wird. Der Hund muß unverzüglich in einen kühlen Raum gebracht und vorsichtig abgekühlt werden. Mit feuchten Tüchern werden Kopf, Rücken und Beine angefeuchtet. Sollte der Hund das Bewußtsein verloren haben und nach kurzer Zeit nicht wohlauf sein, ist unbedingt ein Tierarzt zu rufen, der mit Medikamenten den Kreislauf stabilisiert.

Alle anderen oft als Erste Hilfe bezeichneten Maßnahmen, wie Versorgung bei Nasenbluten, bei Prellungen und Blutergüssen, bei allergischen Reaktionen wie durch Insektenstiche oder bei Verbrennungen, sind in Wirklichkeit therapeutische Maßnahmen und sollten bei einer Rasse wie der Deutschen Dogge dem Tierarzt vorbehalten bleiben. Daher gehören Augen- und Ohrentropfen, Zeckenzange, Wundsalben und desinfizierende oder blutstillende Präparate nicht in ein Erste-Hilfe-Set. Sie dienen der Nachbehandlung nach tierärztlicher Erstversorgung.

Neugierige Doggen

Doggen sind neugierig und kauen oft spielerisch neue Gegenstände an. Hierzu gehören Elektrokabel, Handtücher, Hausschuhe und Plastikgegenstände. Weiches abgeschlucktes Plastikspielzeug wird im Magen hart, weil durch die Salzsäure des Magens die Weichmacher im Kunststoff herausgelöst werden können.

Die alternde Dogge

Neben den Erkrankungen wie chronischer Nierenschaden und vermehrter Neigung zur Magendrehung im Alter gibt es eine Alterserkrankung, an der Deutsche Doggen wie alle anderen großen Rassen leiden. Dies ist die Spondylose. Mit zunehmendem Alter wird die Wirbelsäule weniger elastisch. Die Bereiche zwischen den einzelnen Wirbeln verknöchern, und es kommt

Bei diesen Symptomen sofort zum Tierarzt:

- Aufblähen des Bauches

- Erfolgloses Würgen mit Speichelfluß

- Durchfall, dessen Ursache nicht offensichtlich ist

- Durchfall, der länger als einen Tag anhält

- Körpertemperatur über 39°C

- Wiederholtes Erbrechen mit und ohne Durchfall

- Husten

- Aufgezogener, schmerzhafter Bauch

- Jegliche Art von Krampfzuständen

- Träges, apathisches Verhalten (Körpertemperatur messen!)

- Blutungen aus Körperöffnungen (außer Läufigkeit)

- Vermehrte Wasseraufnahme, ständiger Durst

- Bewegungsstörungen, Taumeln (Körpertemperatur messen!)

- Jegliche Art von Verletzungen (auch kleine Hautverletzungen können sich entzünden und häßliche Narben ergeben)

- Speicheln, Zittern, erweiterte Pupillen

- Futterverweigerung

- Blasse Schleimhäute

- Jegliche Verletzungen oder Veränderungen am Auge

- Kratzen am Ohr, häufiges Schütteln des Kopfes

- Scheidenausfluß außerhalb der Läufigkeit

- Augensekret

- Schnelles oder auffälliges Ermüden

- Örtlich starker Juckreiz

- Alle Veränderungen, die Ihnen Sorge bereiten

zum Druck auf die abgehenden Nerven. Dadurch werden die Bewegungen, vor allem der Hinterhand, in zunehmendem Maß unkontrollierter. Die Bemuskelung der Hinterhand wird weniger.

Bei dieser Erkrankung gibt es keine dauerhafte Therapie. Um vorzubeugen, kann man den Hund bereits vor Auftreten von klinischen Symptomen auf ein Seniorenfutter umstellen.

Erziehung leichtgemacht

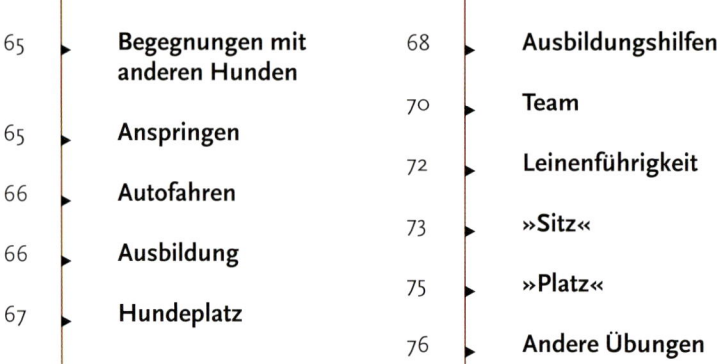

Erziehung leichtgemacht

Die Erziehung der Deutschen Dogge beginnt bereits beim Züchter. Wenn Sie Ihre Deutsche Dogge beim Züchter abgeholt haben, müssen Sie mit der Erziehung gleich fortfahren. Es beginnt mit der Stubenreinheit, die bereits beschrieben wurde. Erste Erfahrungen mit der eigentlichen Erziehung machen Sie und Ihr Hund bei den ersten Ausflügen im Freien.

Bereits im Junghundalter und gerade bei Spaziergängen werden die Grundlagen des späteren Gehorsams gelegt. Wenn Hund und Herrchen/Frauchen jetzt nicht bestimmte Regeln einhalten und einige Verhaltensmaßregeln lernen, kann die spätere Haltung einer unerzogenen Deutschen Dogge zu einem Alptraum werden.

Der erste und wichtigste Grundsatz ist, daß sie kommen muß, wenn sie gerufen wird. Schon bei diesem eigentlich selbstverständlichen Kommando sind drei grundsätzliche Dinge zu beachten:
– Niemals rufen, wenn man keine Chance hat, daß der Hund kommt. Wenn er einen Spielkameraden getroffen hat, wird er mit ziemlicher Sicher-heit nicht Folge leisten. Ruft man den Hund trotzdem und kann das Kommando nicht durchsetzen, hat der Hund gewonnen und wird beim nächsten Mal auch nicht gehorchen.
– Wenn der Hund auf das Kommando »Komm« hört, muß er immer einmal ganz herankommen und mit der Hand angefaßt werden. Er wird dabei gelobt und erhält eventuell ein Leckerchen. Wenn man sich mit einem Abstand von einem bis zwei Metern zufriedengeben würde, wird der Hund später diesen Abstand als Sicherheit einhalten und sich nicht anleinen lassen, selbst wenn dies die Situation erfordern würde.
– Niemals zum Hund hingehen, wenn man ihn anleinen will. Der Hund wird diesen Fehler seines Rudelführers sehr schnell zu einem Fangenspiel ausbauen. Herrchen/Frauchen ärgert sich, verliert die Fassung und damit die Autorität als Rudelchef.

Von einem Welpen oder Junghund kann man nicht erwarten, daß er perfekt bei Fuß geht. Man muß jedoch auch schon in diesem Alter darauf achten, daß der Hund beim Spazierengehen die Leine nicht ständig strammzieht. Man geht also nicht mit kurzer Leine, sondern mit einer Länge von etwa eineinhalb Metern spazieren, so daß diese im Normalfall durchhängt. Wenn der Hund zu weit vorprescht, macht man ihn durch einen Ruck an der Leine darauf aufmerksam, daß er auf Höhe des Herrchens zu gehen hat. Korrekte Ausführungen der Kommandos »Fuß«, »Sitz«, »Platz« usw. sollte man erst ab einem Alter von ca. neun Monaten verlangen.

▶ Begegnungen mit anderen Hunden

Bei Begegnungen mit anderen Hunden darf der Welpe mit diesen spielen und toben. Der Kontakt mit anderen Hunden ist zur Weiterentwicklung des korrekten Sozialverhaltens wichtig. Hierzu gehört auch der regelmäßige Besuch einer Welpenspielstunde. Hund und Besitzer werden hier außerdem unter Anleitung an die weitere Erziehung herangeführt.

Beim Zusammentreffen mit einem erwachsenen Hund braucht man keine Angst zu haben, daß der Welpe gebissen wird, wenn der erwachsene Hund ein korrektes Sozialverhalten besitzt. Wenn der Welpe zu stürmisch ist, wird er schon einmal lautstark von dem erwachsenen Hund zur Räson gebracht. Der Welpe, der lange genug in seinem Rudel war, kennt dieses Verhalten und unterwirft sich. Er selbst wird später auch niemals Welpen beißen. Das gleiche trifft für kleine Kinder zu, da diese für die menschenbezogene Dogge Welpenstatus besitzen.

▶ Anspringen

Eine der notwendigen und dringenden Erziehungsmaßnahmen im Jugendalter ist das Verhindern des Anspringens.

Jeder Junghund, der sich freut, drückt seine Freude überschwenglich aus. Vor allen Dingen bei der Begrüßung seiner neuen Menschen ist diese Freude kaum zu bremsen, indem er auf den Hinterbeinen stehend anspringt. Als Welpe ist er ja auch häufig auf den Arm genommen worden.

Im Welpenalter ist dieses Verhalten zu tolerieren, in der neuen Familie jedoch nicht mehr. Der Hund unterscheidet nicht zwischen gutem und schlechtem Wetter und zwischen Hundespaziergehkleidung und Ausgehanzug. Auch in einem Hunderudel wird das Anspringen von erwachsenen Rudelmitgliedern nur bis zu einem bestimmten Alter in Kauf genommen. Sowohl die Mutter als auch andere Rudelmitglieder, vor allem erwachsene Rüden, weisen die Welpen lautstark und energisch zurecht, ohne sie dabei zu verletzen. Man braucht also nicht zimperlich im Umgang mit dem Junghund zu sein. Herunterdrücken am Halsband, selbst leichtes Treten auf die Hinterpfoten werden nicht übelgenommen. Man sollte den Junghund nur anschließend wieder liebevoll anfassen und konsequent sein.

In den Pausen wird gespielt.

Ein Hund, der für dieselbe Tat einmal nicht und ein anderes Mal bestraft wird, wird unsicher, weil die ranghöheren Rudelmitglieder für ihn nicht berechenbar sind. Der Junghund kann im Laufe der Zeit handscheu werden, oder er versucht langsam, eine neue Position in der Familie einzunehmen.

Autofahren

Bei vielen Züchtern haben die Welpen schon das Autofahren durch kurze Fahrten zu interessanten Orten als positives Erlebnis kennengelernt. Die erste längere Autofahrt ist in der Regel die Fahrt vom Züchter zum neuen Zuhause. Auf dieser Fahrt ist es wichtig, daß der Welpe seinen Kopf auf den Schoß der neuen Bezugsperson legen kann. So findet der erste Kontakt statt, und die Fahrt wird dann nicht mehr als so schlimm empfunden.

In den ersten Tagen im neuen Zuhause ist es ganz sinnvoll, wenn Sie vor jedem Spaziergang eine kurze Autofahrt machen. So ist das Autofahren für den Hund bald etwas sehr Schönes. Ihre Dogge wird sich interessiert die Gegend ansehen und jede Autofahrt genießen. Auf ein festes Trenngitter sei hier noch einmal verwiesen. Hundeanhänger, wie sie für viele Rassen gebräuchlich sind, eignen sich nicht für Deutsche Doggen. Ersparen Sie Ihrem Hund die Einsamkeit in dieser dunklen, holpernden Folterkammer, in der ihm schnell schlecht wird und er sich in den Kurven blaue Flecken holt.

Ausbildung

Im Alter von ca. 10 Monaten ist Ihre Dogge vom Knochenbau soweit gefestigt, daß sie nicht nur wie jeder andere Hund ernährt werden kann, sie kann jetzt auch normal belastet werden.

Jetzt beginnt in der Erziehung für Hund und Herrn der Ernst, aber auch interessante gemeinsame Stunden des Lebens. Mit Beginn der ersten gewissenhaften Übungen merkt man, daß in der Vergangenheit wohl manches im Umgang mit der Dogge nicht optimal gelaufen sein kann.

TIP

Verzweifeln Sie nicht, wenn Ihr Hund macht, was er will. Diese Phase haben fast alle Doggenbesitzer hinter sich. Freuen Sie sich, daß Sie einen Hund an der Leine haben, der temperamentvoll und unbefangen mit allen Hunden spielen will und Sie trotzdem immer im Auge behält.

Wenn Ihr übermütiger und vielleicht nicht ausgelasteter Junghund bei jeder Gelegenheit versucht, Sie auszutricksen, müssen Sie sich nach sachkundiger Hilfe umsehen. Dabei sollten Sie sich erst einmal über das Ziel klar werden, das Sie mit Ihrem Hund erreichen wollen. Wollen Sie einen für den Hausgebrauch einigermaßen erzogenen Familienhund, oder wollen Sie außerdem Ausstellungen besuchen? Vielleicht beabsichtigen Sie auch, so intensiv zu arbeiten, daß Sie mit Ihrer Dogge Prüfungen ablegen.

Für Gebrauchshunde ist es selbstverständlich, daß man auf Prüfungen hinarbeitet, für Doggen nicht. Sie haben mit der Deutschen Dogge keinen Hund erworben, mit dem Sie arbeiten müssen. Die Dogge gehorcht Ihnen ohne strenge Ausbildung. Sie können aber durchaus mit ihr erfolgreich arbeiten, wenn Sie wollen. Ihrer Dogge wird

Gruppenarbeit auf dem Übungsplatz

die Ausbildung enormen Spaß machen, und Ihnen wird sie nicht nur Freude bereiten, sondern sie wird auch Ihrer Gesundheit zuträglich sein. Niemand wird von Ihnen Erfahrung als Hundeführer erwarten, auch Ihre Dogge nicht. Trotzdem wird sie gern mit Ihnen zum Hundeplatz fahren, schon um die anderen Hunde und Menschen zu treffen.

▶ Hundeplatz

Wo sollen Sie hinfahren? Fahren Sie auf gar keinen Fall zu einem der klassischen Gebrauchshundeplätze. Die anderen Hundeführer und manchmal auch die Ausbilder, die Sie dort treffen, kennen meist das spezielle Wesen der Dogge nicht. Ihre Dogge ist in der Arbeit langsamer, im Wesen weicher und sanfter und trotzdem weniger unterwürfig als die meisten Hunde, die Sie dort treffen.

Weder Ihr Hund noch Sie sind die lauten Kommandos gewohnt. An all dies könnten sich Herr und Hund ja noch gewöhnen, wenn da nicht der Schutzdienst wäre. Wenn Sie mit der Frage empfangen werden: »Beißt der auch?«, suchen Sie besser ganz schnell das Weite.

> ▶ **Info**
>
> Lassen Sie sich niemals zum Schutzdienst überreden!

Die Deutsche Dogge hat ein tiefsitzendes, festes Grundvertrauen zum Menschen. Auch wenn sie gegen Fremde anfänglich mißtrauisch ist, wird sie von sich aus niemals ihre Zähne gegen Menschen einsetzen. Wenn man durch Hetzen die hohe Reizschwelle der Dogge überwindet, verliert sie ihr unerschütterliches Vertrauen und lernt, daß es auch böse Menschen gibt, die es nicht gut mit ihr meinen. Eines Tages wird sie gegen solche Menschen vorgehen. Dabei nimmt sie sich die Person vor und ist nicht mit dem Hetzarm des Scheintäters zufrieden. Aufgrund ihres gestörten Vertrauens zum Menschen trifft sie dann ihre Entscheidung nach gut oder böse selbst. Sie hat jetzt die Erfahrung gemacht, daß Menschen, die vorgeben, ruhig zu reden, wenig später als böse Scheintäter auftreten.

Eine solche Dogge kann man dann auf Dauer nicht mehr als Familienmitglied um sich haben, da man immer damit rechnen muß, daß sie Fremde ernsthaft verletzen könnte. Selbst wenn man eine bösartig gewordene Dogge ständig an der Leine halten will, ist dies bei einem Körpergewicht von 60 bis 80 kg nicht möglich. Man muß immer darauf gefaßt sein, daß der Hund plötzlich ohne Vorwarnung vorwärts geht. So wird aus dem Hund eine tickende Zeitbombe. Man weiß nie, wann es knallt.

Auch wenn Sie Ihre Dogge nicht zum Beißen abrichten, können Sie sich im Ernstfall auf sie verlassen. Die Deutsche Dogge hat ein feines Gefühl dafür, wann eine Situation brenzlig wird. Sollte sich eine Auseinandersetzung zwischen zwei Menschen anbahnen, kommt die Dogge ruhig hinzu und stellt sich ganz einfach dazwischen.

Zum Schutz des Hauses benötigt die Dogge ebenfalls keine spezielle Ausbildung. Allein durch ihre Größe schreckt sie Einbrecher von ihrem Vorhaben ab. Dazu kommt noch eine besondere Eigenart der Deutschen Dogge. Aufgrund ihrer hohen Reizschwelle kann sie Menschen ruhig in die Augen sehen. Das tut sie dann auch, wenn Fremde vor der Tür stehen.

Wenn Sie mit Ihrer Dogge arbeiten wollen, suchen Sie einen Hundeplatz auf, wo man auf die speziellen Eigenarten der Deutsche Dogge eingeht. Es haben viele Ortsgruppen im Deutschen Doggen Club 1888 e.V. eigene Plätze, auf denen man sich trifft.

▶ Ausbildungshilfen

Die Ausbildung von Hunden ist im Grundsatz bei allen Hunden gleich. Bei der Deutschen Dogge gibt es jedoch im Vergleich zu den Gebrauchshunderassen einige Besonderheiten. Diese Eigenarten muß man beachten, damit Hund und Hundeführer Freude an der Arbeit auf dem Hundeplatz haben.

WIEDERHOLEN ▶ Der wichtigste Lernmechanismus in der Ausbildung von Hunden wird in der Gewohnheit gesehen. Durch ständiges Wiederholen soll der Hund dazu gebracht werden, auf ein bestimmtes Kommando eine ganz bestimmte Handlung auszuführen. Im Anfangsstadium ist diese Vorgehensweise richtig, damit der Hund die Bedeutung des neuen Kommandos kennenlernt. Für eine wiederkehrende und zuverlässige Ausführung reicht jedoch die Wiederholung allein nicht. Je öfter Sie wiederholen, desto intensiver wird die Dogge versuchen, den Hundeführer zu beeinflussen. Die Ausführung einer Übung wird dabei immer weniger exakt. Während man bei anderen Rassen davon ausgeht, daß Hunde nicht kombinieren oder Schlüsse ziehen können, wird man von einer Deutschen Dogge eines Besseren belehrt. So kommt es immer wieder vor, daß Doggenbesitzer zweifelnd resignieren in der Welpenspielstunde oder auf Übungsplätzen, auf denen alle Rassen überwiegend durch Wiederholung lernen sollen. Eine Deutsche Dogge kennt ihren Besitzer genau und wird seine Schwächen gnadenlos ausnutzen. Da sie fast jeden Gedanken ihres Frauchens oder Herrchens schon erahnt, bevor er richtig gedacht wird, tun sich viele Doggenbesitzer mit der Erziehung ausgesprochen schwer.

GEGENSÄTZLICHE HILFEN ▶ Man muß sich einmal vergegenwärtigen, welche Möglichkeiten man hat, Kommandos durchzusetzen. Dabei sollen diese Kommandos vom Hund nicht nur ausgeführt werden, sondern die Dogge soll freudig dabei sein. Um dem Hund dies klarzumachen, haben wir zwei grundsätzliche Gruppen von Hilfen.

Das erste sind die für den Hund positiven Hilfen im Gegensatz zu den negativen. Für den Hund positiv ist in erster Linie das Loben, an zweiter Stelle die Gabe von Leckerchen. Für den Hund negativ sind der Ruck am Halsband, das Niederdrücken der Kruppe, wie es bei der »Sitz«-Übung nötig ist, aber auch das Ignorieren des Hundes, wenn dieser von sich aus zum Spielen auffordert. Bei einer Deutschen Dogge ist es ganz wichtig, daß die positiven Einwirkungen immer das Übergewicht gegenüber den

Auch Spielen macht müde.

negativen haben. Dabei ist es nützlich, wenn der Hund merkt, daß die positiven Dinge vom Herrchen kommen, die negativen von irgendwo aus dem Nichts. Wenn die Dogge dann durch Wiederholung das Kommando kennt, muß sie durch die Einwirkung dazu gebracht werden, es auch auszuführen. Im Erlernen einer bestimmten Übung geht dies Hand in Hand. Dabei muß man sich bei einer Deutschen Dogge darüber im klaren sein, daß sie im Vergleich zu den Gebrauchshundrassen aufgrund ihrer Größe und ihrer hohen Reizschwelle viele Übungen sehr viel langsamer ausführt.

Außerdem kommt es bei unangenehmen Übungen wie »Sitz« oder »Platz« immer noch zu einer Verzögerungstaktik der Deutschen Dogge. Vor allem bei naßkaltem oder hartem Untergrund gibt es als Reaktion auf das Kommando jedesmal vor der Ausführung einen erstaunten und fragenden Blick an den Hundeführer. Dieser Augenaufschlag sagt eindeutig: »Muß ich wirklich?«

TIP

Lassen Sie sich nicht zu einem Doppelkommando verleiten. Wenn Sie etwas Autorität besitzen, wird Ihre Dogge das Kommando ausführen, wenn auch sehr, sehr langsam. Nicht innerlich lachen oder ärgern. Ihre Dogge merkt dies.

Wenn Sie mit Ihrer Dogge anfangen zu arbeiten, achten Sie von Anfang an darauf, daß Ihr Hund alle Übungen freudig ausführt. Um dies zu erreichen, gibt es einige Tricks: Legen Sie Ihrer Dogge ein Halsband um, das sie nur für diesen Zweck hat. Sie wird es bald mit exakter Arbeit verbinden. Während Sie bei Spaziergängen ein breites Halsband oder ein Lederhalsband benutzen, hat sich beim Arbeiten ein dünnes Kettchen bewährt. Es darf auf Zug eingestellt werden und wird so umgelegt, daß beim Zuziehen kein Knick entsteht.

Benutzen Sie niemals ein Stachelhalsband. Es ist bei einer Deutschen Dogge völlig überflüssig und zeigt nur, für jeden von weitem sichtbar, die Unfähigkeit des Hundeführers. In heiklen Situationen im Straßenverkehr oder bei Begegnungen mit anderen Hunden werden Sie vielleicht unwillkürlich etwas lauter als sonst. Wenn Ihr Hund diesen Tonfall vom Hundeplatz kennt, weiß er, daß er gehorchen muß. Er weiß aber auch genau, daß er gelobt wird, wenn er jetzt zu Ihnen kommt. Kennt der Hund keine lauten Kommandos, wird er Abstand halten, weil er merkt, daß Sie aufgeregt, vielleicht sogar wütend sind.

FÜHRERHILFEN ▶ Selbst eine Deutsche Dogge versteht nicht jedes menschliche Wort, auch wenn Ihre Besitzer dies immer wieder behaupten. Sie registriert aber aufmerksamer als die meisten anderen Hunderassen jede Bewegung, die Körperhaltung, jede Gemütsregung und den Klang der Stimme ihres Menschen. Sie nimmt beiläufig jeden akustischen, optischen und taktilen, körperlichen Reiz auf.

Bei der Erziehung eines Hundes setzt man bewußt und oft übertrieben ganz bestimmte Reize ein. Meist werden zwei unterschiedliche Reize kombiniert. So hört der Hund das Kommando als akustischen Reiz, und gleichzeitig wirkt der körperliche Reiz wie der Ruck am Halsband oder das Drücken auf die Kruppe. Beim Herankommen des Hundes wird meist zu Beginn der Lernphase ein optisches Signal ausgesandt in Form von Klopfen auf Oberschenkel oder Brust oder auch nur von Blickkontakt. Beim klassischen, prüfungsgemäßen Führen von Hunden will man nur die akustischen Signale, nämlich die Kommandos, hören. Bei Jagdhunden gibt es manchmal nur einen optischen Reiz, nämlich ein Handzeichen.

Die anderen in der Ausbildung notwendigen Signale werden in der Regel als Führerhilfe bezeichnet und auf Prüfungen mit Punktabzug bestraft. Beim Erlernen einer neuen Übung setzt man großzügig und für den Hund deutlich solche Führerhilfen ein. Mit zunehmender Sicherheit in der Ausführung der Übung nimmt man die zusätzlichen Hilfen immer mehr zurück, bis schließlich nur noch das Kommando übrig bleibt.

TIP

Warten Sie mit der Rücknahme der zusätzlichen Hilfen bei Ihrer Dogge nicht zu lange, da sie sonst sehr schnell glaubt, daß diese Hilfe notwendig für die Ausführung sei.

Einerseits haben Sie mit der Dogge einen Hund mit hoher Reizschwelle. Das macht sich auch in der Ausbildung bemerkbar. Andererseits ist die Dogge durch ihre Sensibilität auch mit kleinsten Hilfen, wie Bewegen eines Fingers, lenkbar. Solche Hilfen werden von vielen Leistungsrichtern nicht bemerkt, es sei denn, sie kennen das Wesen der Dogge genau.

Es ist immer wieder erheiternd, welche Hilfen Hund und Hundeführer im Zusammenspiel entwickeln.

▶ Team

Die wesentliche Voraussetzung und Grundlage für eine erfolgreiche Zusam-

Grundregeln für den Übungsplatz

– Gehen Sie, wenn Sie an der Reihe sind, forsch auf das Übungsgelände, und beginnen Sie mit einer Grundstellung. Wenn Ihre Dogge bemerkt, daß Sie hellwach und konzentriert sind, wird sie ebenfalls aufmerksam.

– Führen Sie alle Übungen in zügigem Tempo aus. Die Dogge hat lange Beine und benötigt einen schnellen Schritt, wenn sie aufmerksam arbeiten soll.

– Wenn der Hund unlustig geht, erhöhen Sie Ihr Tempo.

– Geben Sie die Hörzeichen kurz und deutlich.

– Zwischen den Kommandos können Sie leise mit Ihrer Dogge reden und sie damit motivieren, genau auf der richtigen Höhe zu bleiben. Wenn Sie beim Üben auf Höhe Ihres Oberschenkels klopfen, wird Ihr Hund dort hinsehen und seinen Kopf auf Ihren Oberschenkel halten, wie es sein soll.

– Halten Sie Körperkontakt mit Ihrer Dogge. Achten Sie darauf, daß der Hund den Kontakt sucht, nicht Sie. Überlegen Sie zu Beginn einer Übung, wohin Sie gehen wollen, und gehen Sie mit erhobenem Kopf geradeaus, auch wenn Ihr Hund versucht, Sie vermehrt nach links zu führen.

– Das Loben mit der Hand (Klopfen) muß man weithin hören können. Je kräftiger und überschwenglicher Sie loben, desto aufmerksamer wird Ihr Hund. Zärtlich streicheln und schmusen können Sie zu Hause, auf dem Hundeplatz sollte Ihr Hund munter werden. Hunde untereinander gehen auch lautstark und oft etwas grob miteinander um.

– Leckerchen in Form von beliebtem Trockenfutter werden nur von einigen Doggen gern genommen. Käsestückchen oder Stückchen von gebratener Geflügelleber nehmen alle Hunde gern als Belohnung, auch wenn sie sich sonst durch Leckerchen nur schwer motivieren lassen.

– Machen Sie zwischen den Übungen kurze Pausen, in denen der Hund laufen kann, Leckerchen bekommt oder mit einem Tennisball spielen darf. Nach etwa zehn bis fünfzehn Minuten verliert der Hund leicht die Lust. Üben Sie daher mit Ihrer Dogge immer nur konzentriert und kurze Zeit. Sind die Übungszeiten zu lang, empfindet die Dogge das Üben beim nächsten Mal mit Sicherheit gleich als Strafe.

– Geben Sie die Kommandos lauter und knapper, als Sie sonst mit Ihrer Dogge reden. Ihr Hund lernt schnell, daß bei diesem Tonfall konzentriert gearbeitet wird und Sie sich auf keine Diskussion einlassen. Er spürt den Unterschied zum täglichen Umgang sofort.

menarbeit von Herr/Frau und Hund ist eine stabile und vertrauensvolle Beziehung zwischen beiden. Der Hundeführer sollte in der Rangordnung höher stehen als der Hund. Wenn dies umgekehrt ist, wird der Hund nicht gehorchen und den Menschen als ein rangniedriges Rudelmitglied ansehen. Wenn der Hund sich jedoch auf seinen Menschen als den Ranghöheren verlassen kann, wird er ihm vertrauen und seine Befehle ausführen. Dann ist es auch selbstverständlich, daß der Hundeführer seinem Hund vertraut. Oft geben Hundeführer ihrem Hund nicht einmal Gelegenheit, ein solches Vertrauen überhaupt unter Beweis zu stellen, indem sie den Hund immer an der Leine halten oder ihn jedesmal zurückrufen, wenn sie einem anderen Hund begegnen.

Der Deutsche Doggen Club hat diesem notwendigen, engen Vertrauensverhältnis Rechnung getragen, indem in der Prüfungsordnung Hundeführer und Hund grundsätzlich als Team bezeichnet werden.

TEAMGEIST ▶   Eine kleine Episode mag Ihnen einen Einblick in das Wesen der Dogge geben: Ein Hundeführer, der sich schon beim Üben mit der Prüfungsordnung schwer tat, war bei einer Erstprüfung so aufgeregt, daß er vor jeder Übung den Leistungsrichter fragte, welche Übung denn jetzt käme. Dem Hund wurde das nach fast mißglückter Leinenführigkeit zu bunt. Er übernahm die Initiative und marschierte zielstrebig los, mit dem Hundeführer an der Leine. Er gab sogar durch deutliches Berühren mit seiner Schulter die übliche Führerhilfe. Nach abgezählten Schritten machte der Hund korrekt »Sitz« und bei der nächsten Übung »Platz«. Er stupste den Hundeführer sogar mit der Schnauze an, damit dieser wenigstens das Kommando gab, der dann etwas hilflos weiterging und nicht mehr wußte, wann er stehenbleiben sollte. Das Bestehen der Prüfung war einzig und allein der Initiative der Dogge zu verdanken.

Zu dem Hund muß man wissen, daß er im Alter von vier bis zehn Monaten die Führungsrolle in der Familie hatte. Als die Abschaffung des Hundes in der Familie diskutiert worden war, hatten die Besitzer Hilfe auf einem Übungsplatz des DDC erhalten. Die notwendige Rangordnung war damals in sehr kurzer Zeit wiederhergestellt worden, so daß es keine Probleme mehr gab. Der Hund erinnerte sich in der Prüfung also an vergangene Zeit, als er gewohnt war, die Führungsrolle zu übernehmen.

Man sieht hier auch, wie schnell ein Hund umschalten kann, wenn es aus seiner Sicht notwendig wird und der ranghöhere Partner plötzlich Schwächen zeigt. Dies war ein positives Beispiel. Leider kann die Ausnutzung von Schwächen des Hundeführers auch negative Auswirkungen haben.

▶   Leinenführigkeit

Eine der ersten und wichtigsten Übungen für Hund und Hundeführer ist die Leinenführigkeit. Diese Übung kann nur exakt ausgeführt werden, wenn das Verhältnis zwischen beiden stimmt, sich der Hund also dem Hundeführer unterordnet. Der Hund, der grundsätzlich an der linken Seite geführt wird, soll aufmerksam und freudig neben seinem Führer auf Kniehöhe gehen. Hundeführer und Hund sollen ein harmonisches Bild abgeben.

Als Halsband trägt der Hund ein dünnes Kettchen, das im Übungsbetrieb auf Zug, auf der Prüfung jedoch nicht auf Zug eingestellt sein darf. Die Leine sollte locker durchhängen und nicht zu lang oder zu kurz sein. Der Hund wird erst einmal lernen müssen, links und auf Kniehöhe zu gehen. Beim Vorpreschen oder Ziehen geben Sie ihm einen kurzen Leinenruck bei gleichzeitigem Kommando »Fuß«. Geht der Hund richtig, wird er lautstark mit Worten und durch Klopfen auf die Schulter gelobt. Dabei soll er zu Ihnen hochschauen und Körperkontakt suchen. Sehen und beugen Sie sich bitte nicht ständig zu ihm hinunter. Eine Dogge ist groß genug, daß sie mit dem Kopf auf Ihre Handhöhe kommt. Wenn der Hund anfangs noch etwas temperamentvoll hin und her läuft, rucken Sie nicht ständig an der Leine. Die richtige Dosierung ist wichtig. Der Ruck soll den Hund nur aufmerksam machen, die Hauptarbeit geschieht durch Loben und durch Kontakt mit Worten, Händen, Leckerchen und eventuell durch einen Tennisball, den Sie anfangs in der Hand halten. Auf diese Weise können Sie die Aufmerksamkeit des Hundes aufrechterhalten.

In den Pausen, die man zwischendurch immer wieder einlegen sollte, kann man mit dem Hund Ball spielen. Gehen Sie schon frühzeitig rechte Winkel nach links und nach rechts. Wenn

Sie nach rechts gehen, wird der Hund anfangs geradeaus preschen und automatisch durch einen Ruck der Leine korrigiert werden.

> **TIP**
> *Ziehen Sie Ihre Dogge nicht an*
> *straffer Leine durch die Winkel.*
> *Sie soll von sich aus an Ihrer*
> *Seite bleiben. Lassen Sie die*
> *Leine lieber etwas länger.*

Wenn Sie einen rechten Winkel nach links gehen, wird Ihr Hund anfangs im Wege sein. Gehen Sie trotzdem weiter, und halten Sie ihn etwas zurück. Nach kurzer Zeit wird er wissen, wo er zu gehen hat.

Nun ist es Zeit, die Kehrtwendung zu üben. Hierbei dreht sich der Hundeführer auf der Stelle um und geht, ohne dabei anzuhalten, auf seiner eigenen Spur zurück. Dieses Umdrehen geschieht »zum Hund«, durch eine Drehung nach links. Der Hund, der inzwischen weiß, daß er auf die linke Seite gehört, wird die ersten Male geradeaus gehen und sich dann erst umdrehen und wieder auf Ihre linke Seite zurückkommen. Durch überschwengliches Loben wird er darin bestärkt, daß er jetzt wieder auf dem richtigen Platz ist.

▶ **»Sitz«**

Diese Übung kann man spielerisch bereits im Jugendalter mit dem Hund üben. Sinnvollerweise verbindet man die Gabe von Leckerchen damit, daß sich der Hund erst setzen muß. In freudiger Erwartung sitzt er vor Ihnen und schaut zu Ihnen hoch. Er weiß sehr bald, daß er sich auf das Hörzeichen »Sitz« hinsetzen muß.

Auch Leinenführigkeit muß geübt werden.

**In der Grund-
stellung sitzt
die Dogge links.**

Gleichzeitig mit dem Erlernen der Leinenführigkeit ist es zweckmäßig, die »Sitz«-Übung so auszuführen, wie sie prüfungsmäßig verlangt wird. Der Hund soll sich neben den Hundeführer setzen, und zwar so, daß beide in dieselbe Richtung sehen. Anfangs wird die Dogge immer versuchen, sich etwas schräg zum Hundeführer zu setzen, weil sie ihn so besser ansehen kann.

Als Hilfe benutzt man jetzt die linke Hand, mit der man das seitliche Abweichen verhindert. Man faßt dabei über den Hund und hält die Hand links neben die Kruppe. Dies ist bei einer Dogge aufgrund der Größe leicht mög-

lich. Bei korrekter Ausführung ist dann das Loben wieder ganz wichtig. Die »Sitz«-Übung kann man zu Anfang in Kombination mit der Leinenführigkeit immer wieder üben. Jede korrekte Ausführung wird durch kräftiges Loben gefestigt. Bei Prüfungen beginnt und endet übrigens jede Übung mit »Sitz« und wird als Grundstellung bezeichnet.

Wenn die Dogge zuverlässig »Sitz« macht, muß sie das Kommando »Bleib« erlernen. Während man normalerweise mit dem Hörzeichen »Fuß« wieder mit seinem Hund angeht, muß der gut erzogene Hund bei »Bleib« sitzenbleiben. Der Hundeführer tritt vor den Hund

und entfernt sich einen Schritt von ihm. Mit fortschreitender Sicherheit in der Ausführung wird der Abstand zum Hund immer weiter vergrößert. Bei der prüfungsgemäßen Ausführung der »Sitz«-Übung muß der Hund dann schließlich aus dem normalen »Fuß«-Gehen »Sitz« machen, während der Hundeführer weitergeht. Der Hund darf nicht aufstehen oder sich hinlegen, bis der Hundeführer ihn wieder abholt.

Die »Sitz«-Übung ist eine grundlegende Gehorsamsübung in der Unterordnung und stellt zusammen mit der Leinenführigkeit das Kernstück jeder Prüfung dar. Sie ist aber nicht nur für Prüfungen notwendig. Leinenführigkeit und Sitz sollten für jeden erzogenen Familienhund selbstverständlich sein. Auch auf Ausstellungen gehören sie zur Vorstellung der Deutschen Dogge im Ring.

► **»Platz«**

Mit der »Platz«-Übung sollten Sie in der Ausbildung erst dann beginnen, wenn Ihr Hund die »Sitz«-Übung zuverlässig ausführt. Beginnt man diese Übung zu früh, wird die Dogge aus Bequemlichkeit oft »Platz« machen, auch wenn sie das Hörzeichen »Sitz« erhalten hat. Zumal beide Übungen in gleicher Weise beginnen und beide meistens in Längsrichtung des Übungsplatzes ausgeführt werden.

Als Gedankenstütze für den Hund ist es daher manchmal angebracht, die »Sitz«-Übung immer in die eine Richtung, die »Platz«-Übung genau entgegengesetzt auszuführen. Bei der »Platz«-Übung wird der Hund normalerweise mit dem Hörzeichen »Platz« auf den Boden gedrückt. Da sich ein gewaltsames Niederdrücken bei einer

Deutschen Dogge schwierig gestaltet, deutet man besser mit der Hand auf den Boden oder klopft auf den Boden, bis sich der Hund hinlegt. Diese Übung wird von der Dogge oft und gerade im Anfangsstadium nur zögerlich und unwillig ausgeführt. Sie empfindet gerade bei dieser Übung die Hilfen als Dominanzverhalten ihres Rudelchefs und wehrt sich dagegen.

Häufig versucht sie durch Übersprungshandlungen, wie Aufforderung zum Spielen, die Ausführung zu verweigern.

Beginnen Sie mit der Übung »Platz« bei gutem Wetter auf weichem und warmem Bodengrund. Hier legt sich eine Dogge lieber hin. Das Ablegen unter Ablenkung wird von der Dogge meistens freudiger ausgeführt, auch wenn der Hundeführer bei dieser Übung außer Sicht geht. Die Ausführung geschieht hier nicht aus der Bewegung. Sie wird nicht auf freier Fläche, sondern am Rand des Übungsplatzes ausgeführt und ist daher für den Hund weniger unangenehm.

Das Abrufen aus dem »Platz« mit dem Hörzei-

Die »Platz«-Übung wird von Doggen oft ungern ausgeführt.

chen »Hier«, das Herankommen des Hundes, der sich dicht vor den Hundeführer setzt, wird genau wie bei anderen Rassen geübt. Wenn sich der Hund aus dem Vorsitzen auf das Hörzeichen »Fuß« wieder neben seinen Hundeführer setzt, ist die Ausführung nicht so wendig wie bei den Gebrauchshunderassen, sondern geschieht langsamer und etwas schwerfälliger.

TIP

Gehen Sie nicht auf die Spielaufforderungen ein, und lachen Sie nicht, auch wenn Sie Ihren Hund verstehen können.

Die Hilfen müssen bei den Übungen sehr deutlich gegeben werden. Wenn der Hund vom Vorsitz in die Grundstellung wechselt, sollte man dies bei einer Dogge ruhig in der althergebrachten Weise ausführen, indem der Hund um den Hundeführer herumgeht. Dies

sieht immer noch eleganter aus, als wenn die Dogge mit ihrem Hinterteil in die Grundstellung rückt, die dann doch meist nicht ganz exakt ist.

Beim Üben geht man mit dem Hörzeichen »Fuß« einfach rückwärts und nach einigen Schritten wieder vorwärts auf die alte Position. Der Hund wechselt um den Hundeführer herum und setzt sich, wenn dieser anhält. Man geht bei den nächsten Malen immer weniger weit rückwärts. Schließlich bleibt aus dem Rückwärtsgehen nur noch die Andeutung einer Bewegung, damit der Hund aus dem Vorsitz in die Grundstellung wechselt.

▶ **Andere Übungen**

Andere Übungen wie »Steh« oder Vorraussenden werden wie bei jedem Hund anderer Rasse geübt und ausgeführt. Die Art und Weise des Erlernens und nützliche Hilfen müssen Speziallitertur vorbehalten bleiben. Vergessen Sie nur auf dem Übungsplatz nicht, daß Sie eine Deutsche Dogge an der Leine haben. Für eine Deutsche Dogge, die in der Familie lebt, ist der Besuch eines Hundeplatzes ein willkommener Anlaß, andere Hunde und Menschen zu treffen. Hier muß sie gehorchen, auch wenn es zu Hause nicht immer so streng gehandhabt wird. Sie müssen sich daher bewußt sein, daß Sie den aausgeführten Druck, den Ihre Dogge auf dem Hundeplatz empfindet, immer durch Loben kompensieren, ja, sogar übertreffen müssen.

Einen gut erzogenen Hund erhalten Sie nicht durch gelegentliche übermäßige Strenge, sondern nur durch Konsequenz. Auf dem Hundeplatz können Sie als Besitzer und Hundeführer nur Tips erhalten. Der Übungsleiter kann Sie nur

Stets ist die Hündin aufmerksam bei der Arbeit.

▶ Woran erkennen Sie, daß die Rangordnung nicht stimmt?

☐ Der Hund läßt sich das Futter nicht wegnehmen.

☐ Er verteidigt seinen Schlaf- oder Liegeplatz gegen Familienmitglieder.

☐ Er bellt oder knurrt andere Hunde an.

☐ Er kommt nicht oder nur zögernd, wenn man ihn ruft. Er muß erst noch markieren oder schnüffeln.

☐ Betteln bei Tisch.

☐ Demolieren von Wohnung oder Auto.

☐ Ziehen an der Leine.

☐ Er will bestimmen, wann gespielt wird oder will das Ende eines Spieles nicht akzeptieren.

☐ Er wehrt sich gegen Zähnezeigen, Krallenschneiden, Schnauzezubinden u. ä.

☐ Er besteht zu bestimmten Zeiten auf seinem Futter oder Spaziergang und tut dies durch Bellen oder Jaulen kund.

☐ Er will zuerst durch eine Tür laufen.

☐ Er mault, wenn er einen Befehl ausführen soll, er will das letzte Wort haben.

☐ Er begrüßt Sie nicht oder freut sich nicht, wenn er gelobt wird.

☐ Sie haben kein Vertrauen zu Ihrem Hund. Als sichtbares Zeichen halten Sie ihn ständig an kurzer Leine. Er bekommt beim Spielen mit anderen Hunden einen Kamm, auch wenn Sie in der Nähe sind.

☐ Er steht nicht auf, wenn er im Wege ist.

☐ Er bestimmt auf dem Übungsplatz die Laufrichtung, so daß Sie als Hundeführer nach links oder rechts abweichen.

☐ Er bestimmt das Tempo, so daß Ihre Dogge immer langsamer wird oder Sie an straffer Leine hinter sich herzieht.

auf Fehler aufmerksam machen. Die Konsequenz muß ständig eingehalten werden. Wenn der Hund etwas falsch macht oder sich schlecht benimmt, liegt es immer am Besitzer. Die Art und Weise Ihres täglichen Umgangs mit Ihrer Dogge spiegelt sich im Verhalten Ihres Hundes wieder.

Freizeitpartner Dogge

Freizeitpartner Dogge

▶ Dogge und Kinder

Die Deutsche Dogge ist ein außergewöhnlich kinderlieber Hund. Viele Kleinkinder haben schon laufen gelernt, indem sie sich bei einer Dogge festgehalten haben. Ähnlich wie bei Welpen benimmt sich eine Deutsche Dogge Kindern gegenüber ruhig und vorsichtig. Auch wenn eine Dogge bereits einige Zeit in der Familie lebt und ein Baby zur Welt kommt, wird es keine Probleme geben.

Nach der Entlassung von Mutter und Kind aus dem Krankenhaus darf der Hund das Baby beschnüffeln, am besten, wenn die Windeln gerade voll sind. Ähnlich wie die Mutter verhält sich normalerweise eine ranghohe Hündin in einem Hunderudel. Diese stellt nämlich ihren Nachwuchs ihren übrigen Rudelmitgliedern vor. Die rangniedrigen Mitglieder des Rudels akzeptieren das Baby sofort und lassen sich von ihm fast alles gefallen, genau wie sie es bei Welpen tun. Wie in jedem Rudel übernehmen sie Mithilfe in der Aufzucht.

Obwohl die Deutsche Dogge ein ausgesprochen lieber Familienhund ist, sollte man einen Welpen oder Junghund mit Kleinkindern oder Kindern bis zu fünf Jahren nicht unbeaufsichtigt lassen. Der Welpe sieht in dem Kleinkind einen Spielgefährten wie seine Wurfgeschwister und spielt auch entsprechend mit ihnen. Andererseits können kleine Kinder den jungen Hund so bedrängen, daß er sich wehren muß, wenn er keine Rückzugsmöglichkeiten mehr hat.

Eine erwachsene Dogge ist für Kleinkinder der beste Spielkamerad und Beschützer. Voraussetzung ist natürlich, daß der Hund ein korrektes Sozialverhalten gelernt hat, wie dies selbstverständlich ist, wenn er von einem verantwortungsbewußten Züchter stammt.

Für Kinder ist der gefährlichste Teil einer Deutschen Dogge nicht die Schnauze, sondern die Rute! Sie wedelt nämlich meist in Kopfhöhe der Kinder. Wenn der Hund etwas stürmisch ist, kann er schon einmal mit der Rute einen blauen Fleck verursachen oder ein Glas vom Tisch fegen. Dies passiert vorwiegend bei Deutschen Doggen, die temperamentvoll sind und nicht immer in der Wohnung leben.

▶ Spazierengehen

Die Höhepunkte des Tages, auf die sich Ihre Dogge immer freut, sind die Spaziergänge. Der Hund als Lauftier benötigt diese tägliche Bewegung, sobald sein Alter dies zuläßt. Meistens kann man nach einer kurzen Weg-

strecke an der Leine die Dogge frei laufen lassen. Aus Freude über das Ableinen wird sie einige Runden in der Nähe
ihres Menschen laufen, um dann schon
bald hier und da zu schnüffeln oder
nach anderen Hunden Ausschau zu halten, mit denen sie spielen kann. Nach
einiger Zeit wird die Dogge jedoch ruhiger, und der Rest des Spazierganges verläuft ausgesprochen gesittet.

Während Hunde kleinerer Rassen
die Wegstrecke eines Spazierganges oft
zwei- oder dreimal laufen, weil sie ständig hin- und herpendeln, geht eine
Deutsche Dogge meistens nicht wesentlich mehr Kilometer als Frauchen oder
Herrchen. Diese Faulheit der Deutschen Dogge ist einer der Gründe, war-
um viele Doggenhalter zwei oder mehr
Doggen besitzen.

Sobald ein Spielkollege auf dem Spaziergang mitkommt, wird vorwiegend
getobt und Fangen gespielt. Erst jetzt

kann man die Schnelligkeit und Eleganz
der Bewegung einer Dogge bewundern.
Viele Doggenbesitzer, die nur einen
Hund besitzen, verabreden sich mit
anderen Hundebesitzern zu solchen
Spaziergängen. Die Ortsgruppen im
Deutschen Doggen Club organisieren
Spaziergänge mit ihren Hunden, an
denen oft auch Hunde anderer Rassen
teilnehmen. Auf solchen Spaziergängen
laufen in der Regel alle Hunde frei.

Besonders im Winter im hohen
Schnee sind Wanderungen für Hunde
und Besitzer ein Erlebnis. Ich kann
mich an eine Winterwanderung mit
40 frei laufenden Doggen und einem
Pudel erinnern. Eine solche Schar von
friedlich miteinander spielenden Hunden hinterläßt einen unvergeßlichen
Eindruck. Bei diesen Spaziergängen
darf man jedoch nicht alle Hunde
gleichzeitig ableinen, sondern auf den
ersten Kilometern einen Hund nach

Ein geduldiger Begleiter

dem anderen. Aufgrund der hohen Reizschwelle der Dogge und des ausgeprägten sozialen Verhaltens kommt es normalerweise nicht zu Auseinandersetzungen zwischen den Hunden. Es entsteht vielmehr schnell eine Rangordnung. Hier ist es natürlich wichtig, daß die begleitenden Menschen ihrem Hund gegenüber ranghöher stehen und die Tiere erzogen sind.

Hunde kleinerer Rassen werden auf Spaziergängen von Doggen immer sehr vorsichtig behandelt, ähnlich wie sie sich bei Welpen verhalten. Auch wenn Hunde kleinerer Rassen sich einer Dogge nicht unterwerfen, sondern um sich beißen, bleibt die Dogge in der Regel friedlich. Sie wehrt sich nicht einmal, wenn sie von einem Yorkshire Terrier angekläfft wird. Sie wird ihn einfach ignorieren oder zum Spielen auffordern.

Bei Regen muß man seine Dogge allerdings zum Spaziergang überreden, manchmal sogar zwingen. Bei solchem Wetter ist ihr die Behaglichkeit der Wohnung meist wichtiger als ein Spaziergang, ja, selbst das Gassigehen wird auf ein Minimum an Wegstrecke beschränkt. In einer solchen Situation vergessen Sie nie: Zeit und Dauer des Spazierganges bestimmt der Rudelchef. Sicherlich ist es bequem, dem Hund nachzugeben, wenn er zur Haustür läuft, sobald er sich gelöst hat. Wenn Sie dem Hund jedoch nachgeben, hat der Hund gewonnen und wird wieder versuchen, seinen Willen durchzusetzen.

▶ **Radfahren**

Oft ist bei einem einzeln gehaltenen Hund das Radfahren die beste Möglichkeit, ihm ausreichend Bewegung zu ver-

Radfahren stärkt die Muskulatur von Hund und Mensch.

schaffen. Das Laufen neben dem Rad muß der Hund, ähnlich wie das Gehen bei Fuß, langsam lernen, am besten auf abgelegenen Wegen ohne Verkehr. Man wählt das Tempo so, daß der Hund im gleichmäßigen Trab läuft. Man muß sich dabei im klaren sein, daß diese Dauerbelastung in einer Gangart nicht der natürlichen Bewegung entspricht. Der Hund würde von sich aus öfter das Tempo wechseln. Grundsätzlich muß man mit wenigen Kilometern anfangen, auch kann man den Hund zwischendurch ableinen und ihn frei laufen lassen. Außerdem sollte man möglichst weichen Untergrund wie Waldboden

TIP

Wenn Sie Ihren Hund am Fahrrad trainieren wollen, fangen Sie mit wenigen Kilometern an, und bevorzugen Sie Waldwege anstelle von Asphaltstraßen. Beginnen Sie jedoch nicht vor dem 10. Lebensmonat.

oder Feldwege wählen. Auf Asphalt, Beton oder Splitt läuft sich eine Dogge aufgrund ihres Gewichts sehr leicht die Ballen wund, wenn sie diesen Boden nicht gewohnt ist. Mit dem Laufen am Rad wird erst begonnen, wenn das Skelett der Dogge ausgereift, sie also mindestens ein Jahr alt ist.

TIP

Niemals die Leine um die Hand schlingen.

Dann kann man jedoch oft mit regelmäßigem Training am Fahrrad die Brustausformung verbessern und die Bemuskelung stärken. Die als Zubehör im Fahrradgeschäft angebotene Halterung ist für Doggen wenig geeignet, da sie aufgrund ihres Gewichts jeden Radfahrer umreißen, wenn sie nicht gehorchen oder sich erschrecken. Am Fahrrad sollte die Dogge auf der rechten Seite an durchhängender Leine laufen. Zweckmäßigerweise behält man die Leine lose in der Hand, um sie in einer Gefahrensituation loslassen zu können.

► Schwimmen

Das Schwimmen ist grundsätzlich ein hervorragendes Training aller Muskeln. Leider kann man die wenigsten Deutschen Doggen dazu bewegen, von sich aus ins tiefe Wasser zu gehen. Wenn man sie nicht von Jugend an daran gewöhnt hat, beschränkt sich der Kontakt mit Wasser lediglich auf das Benetzen der Pfoten. Andere Hunde kann man durch Werfen eines Stöckchens zum Apportieren aus dem Wasser bewegen. In den wenigsten Fällen wird eine Deutsche Dogge dies tun, zumal die meisten Doggen sowieso nicht gern apportieren. Wahrscheinlich liegt das an der ausgeprägten Belefzung, die beim Aufnehmen von Stöckchen zwischen die Zähne gerät, wenn der Hund seinen Kopf beim Zubeißen etwas schräg hält.

Die beste Möglichkeit, eine Deutsche Dogge zum Schwimmen zu bewegen, ist daher, selbst ins Wasser zu gehen. Dies kann man im Sommer an natürlichen Seen oder an Baggerseen ausprobieren. Beruhigen Sie Ihren Hund wenn er das erstemal im Wasser ist. Er wird nämlich versuchen, seine Vorderbeine so hoch wie möglich zu nehmen. Dabei entsteht eine spritzende Fontäne genau vor seinem Gesicht. Er versucht dann den Kopf noch höher zu nehmen und wird dabei noch unsicherer werden.

Außerdem sollte man anfangs möglichst mit zwei Bezugspersonen ins Wasser gehen, so daß der Hund von einem zum anderen schwimmen kann. Eine Dogge schwimmt nämlich schneller als ein Mensch und möchte natürlich im Wasser immer in der Nähe von Frauchen oder Herrchen sein. Wenn sie versucht, auf den Arm genommen zu werden, gibt dies schmerzhafte Kratzspuren. Wenn der Hund einmal das Element Wasser kennengelernt hat, schwimmt er gern und läßt sich auch in bestimmte Richtungen schicken. Man sollte jedoch das Schwimmen nicht übertreiben, da es eine enorme Belastung für den Kreislauf darstellt.

▶   **Urlaub**

Selbstverständlich möchte eine Deutsche Dogge wie jedes andere Familienmitglied mit in den Urlaub fahren. Der normale Platzbedarf im Auto kann dabei für die Fahrt zum Urlaubsort auch einmal deutlich unterschritten werden, wenn auf der Ladefläche des Kombis noch Urlaubsgepäck untergebracht werden muß. Man sollte jedoch darauf achten, daß das Gepäck in Kurven oder bei Bremsmanövern nicht auf den Hund rutschen kann.

Auf längeren Fahrten ist auf Pausen mit Bewegung von Mensch und Hund Wert zu legen. Frisches Trinkwasser bietet man seinem Hund öfters an. Das Wasser füllt man bereits zu Hause ab. So ist man sicher, daß der Hund sauberes Trinkwasser bekommt. Außerdem erspart man sich längeres Suchen. Vor allem bei Fahrten in südliche Urlaubsländer ist kaltes Wasser, z. B. aus einer Thermoskanne, für den hechelnden Hund wichtig. Die Reisepausen muß man bei der Urlaubsplanung einkalkulieren, damit man nicht unter Zeitdruck gerät. In diesen Pausen sollte der Hund die Möglichkeit bekommen, seine kleinen und großen Geschäfte zu erledigen. Hierbei bleibt er natürlich an der Leine. Wenn Sie Ihren Hund ableinen, müssen Sie bei einer Deutschen Dogge zwar nicht damit rechnen, daß sie wie manche Hunde anderer Rassen allein einen Streifzug unternimmt, sie wird jedoch unvermittelt nach Erledigung des Geschäftes zum Auto zurücklaufen. Daher wird das Auto immer so geparkt sein, daß der Hund keine Straße überquert.

Natürlich unternimmt man mit dem Hund keine längere Urlaubsfahrt mit vollem Magen. Selbst Hunden, die Autofahren gewohnt sind, wird auf einer solchen Urlaubsfahrt manchmal schlecht, so daß sie erbrechen müssen. Viele Hunde sind nämlich aufgeregt, da sie vor Reiseantritt oft Angst haben, zu Hause bleiben zu müssen. Außerdem zeigt der voll beladene PKW ein anderes Fahrverhalten. Wenn der Hund dazu neigt, zu erbrechen, helfen Reisetabletten, die Ihr Tierarzt vorrätig hält.

Als Sonnenschutz hat sich wie bei Kindern eine Folie bewährt, die an den Scheiben angebracht wird. Zur Not tut es auch ein Handtuch, das man in die Scheibe klemmt, um den Hund nicht der prallen Sonne auszusetzen. Im Extremfall kann man ein feuchtes Tuch über den hechelnden Hund legen, um ihm Kühlung zu verschaffen. Dies kann jedoch nur eine kurzfristige Lösung sein, da bei längerer Anwendung Erkältungsgefahr besteht.

Damit es im Urlaub nicht zu unliebsamen Überraschungen kommt, nimmt man für seinen Liebling das gleiche Futter mit, das er von zu Hause gewohnt ist. So verhindert man eine Futterumstellung und einen damit verbundenen Durchfall.

Natürlich meldet man bei der Quartierbestellung an, daß man einen Hund mitbringt. Auch wenn aufgrund der Größe der Rasse schon einmal Bedenken geäußert werden, sind diese regelmäßig nach einigen Urlaubstagen aufgrund des ruhigen, zurückhaltenden Charakters der Dogge ausgeräumt.

Als Problem für den Doggenbesitzer können sich gelegentlich Hotelhallen mit glattem Bodenbelag erweisen oder freitragende Treppen, durch die der Hund hindurchsehen kann. Jetzt stellt es sich heraus, ob die Dogge Vertrauen zu ihrem Menschen hat. Wenn sie weiß, daß sie gehorchen muß, wird man sie mit sanfter Gewalt dazu überreden können, auf jedem Untergrund zu laufen. Ich erinnere mich an eine etwa ein Jahr alte Hündin, die im Eingangsbereich eines Restaurants plötzlich feststellte, daß der Fußboden extrem glatt war. Sie ging bis zu einem Teppich, der mitten im Raum war, und legte sich dort nieder, den Kopf auf den Vorderpfoten. Sie wollte damit sagen: Bis hierher und nicht weiter. Der Hund trug als Hals-

► Checkliste für den Urlaub

Mindestens 30 Tage vor Urlaubsantritt Schutzimpfungen überprüfen. Erkrankungen, die bei uns als ausgerottet gelten, sind in fremden Ländern oft an der Tagesordnung (Staupe, Tollwut u. a.).

Erkundigungen über Einfuhrbestimmungen einholen (Tollwutschutzimpfung, eventuell Gesundheitsbescheinigung, Antikörpertiterbestimmung für nordische Länder oder Quarantäne).

Möglichkeiten spezieller Erkrankungen vor der Urlaubsreise mit dem Tierarzt besprechen (Parasitosen wie Hakenwurmerkrankung, Babesiose oder Borreliose).

In einigen Ländern, wie Italien, besteht in öffentlichen Verkehrsmitteln Maulkorbpflicht. Bei Einreise kann das Vorhandensein eines Maulkorbs kontrolliert werden.

Erkundigen Sie sich vor dem Urlaub, ob der Hund am Ferienziel auch wirklich willkommen ist. In vielen Urlaubsregionen besteht am Strand oder auf Campingplätzen Hundeverbot.

Wenn der Hund Diätfutter benötigt oder auf Futterumstellung leicht mit Durchfall reagiert, ist es ratsam, genügend Futter mitzunehmen. In südlichen Ländern ist die Beschaffung oft problematisch. Das gleiche gilt für Medikamente.

Im Urlaubsgepäck sollten sich der gewohnte Futternapf, der Wassernapf, die gewohnte Decke sowie das Lieblingsspielzeug befinden.

Erkundigen Sie sich am Urlaubsort möglichst bald nach dem nächstgelegenen Tierarzt, um im Ernstfall keine Zeit zu verlieren.

band ein dünnes Kettchen, wie man es auf dem Übungsplatz benutzt. Dies Kettchen war nicht auf Zug eingestellt. Nach einfachem Umklinken der Leine auf Zug stand der Hund auf und ging über den glatten Boden, als ob dies selbstverständlich sei. Niemand in dem vollbesetzten Lokal hat die kleine Auseinandersetzung bemerkt.

Deutsche Doggen lieben es, mit ihrer Familie den Sommerurlaub im Gebirge zu verbringen, da hier üblicherweise ausgedehnte Spaziergänge gemacht werden. Für erwachsene, gesunde Doggen stellt eine Wanderung von dreißig bis vierzig Kilometern kein körperliches Problem dar. Man muß im Gebirge immer die etwas dünnere Luft und die damit verbundene schlechtere Sauerstoffversorgung in Betracht ziehen. Daher sollte man mit kürzeren Entfernungen beginnen und die Entfernung täglich steigern, um einen wenig trainierten Hund nicht plötzlich zu sehr zu belasten. Für Menschen ist dies auch angebracht. Außerdem kann ein Hund genau wie ein Mensch Muskelkater bekommen.

Bei Urlaubsaufenthalten am Meer gibt es eine Gefahr für Hunde, deren man sich oft nicht bewußt ist. Wenn Hunde durstig sind, suchen sie die nächstmögliche Gelegenheit, ihren Durst zu stillen. Sie trinken dann oft Salzwasser in großen Mengen. Das führt unweigerlich zu einem erheblichen Durchfall, der so bedrohlich werden kann, daß man um das Leben seines Hundes bangen muß. Man sollte deshalb gerade bei Spaziergängen am Meer darauf achten, daß der Hund kein Salzwasser trinkt und sauberes Trinkwasser in erreichbarer Nähe ist.

Bei Reisen in südliche Länder oder in den Sommermonaten ist immer zu beachten, daß die Dogge im Auto nicht überhitzt wird. Wenn das Auto im Schatten abgestellt wird, wandert dennoch der Schatten oft schnell mit der Sonne, und Auto und Hund sind der prallen Sonne ausgesetzt. Selbst wenn Autofenster oder Schiebedach teilweise geöffnet sind, kann direkte Sonneneinstrahlung fatale Folgen haben.

Bei Fahrten ins Ausland muß man die Einreisebestimmungen des jeweiligen Landes beachten. Grundsätzlich ist eine Tollwutschutzimpfung notwendig, die mindestens dreißig Tage und nicht länger als ein Jahr zurückliegen darf. Für die meisten unserer Nachbarländer reicht diese Tollwutschutzimpfung aus, für andere Länder ist oft ein amtstierärztliches Gesundheitszeugnis erforderlich. Für Schweden und Norwegen muß man eine Einfuhrerlaubnis beantragen, eine Blutprobe zur Prüfung des Tollwuttiters einschicken und eine amtstierärztliche Bescheinigung über Impfungen und durchgeführte Tollwutbehandlung beim Grenzübertritt vorlegen.

Verbindliche Auskunft über die jeweiligen Einreisebestimmungen kann nur das Konsulat des jeweiligen Landes erteilen. Auch der ADAC und die Veterinärämter geben Auskunft, wenn es sich um die üblichen Urlaubsländer handelt.

▶ Ausstellungen

Für viele Doggenbesitzer besteht das größte Freizeitvergnügen darin, mit ihren Hunden Ausstellungen zu besuchen. Vor allem Züchter treffen sich oft an jedem Wochenende an einem anderen Ort Deutschlands oder des benachbarten Auslands. Andere Doggenbesitzer mit nur einem Hund versuchen auf den verschiedenen Ausstellungen Anwartschaften auf Championatstitel zu erlangen.

Meistens besuchen sie mit ihrer Dogge die ersten Ausstellungen mehr oder weniger zufällig oder auf Empfehlung des Züchters. Wenn der Hund dann gut abschneidet und die ersten Pokale im Schrank stehen, ist der Ehrgeiz geweckt. Außerdem sind die Ausstellungstage im Kreise Gleichgesinnter für Hund und Herrn fast immer mit angenehmen Erlebnissen verbunden. Die Hunde wissen schon meistens am Vortag der Ausstellung, daß es wieder soweit ist. Spätestens wenn am Morgen der Schau in aller Frühe Hundedecke, Wassernapf, Vorführleine, Campingstühle, Impfpaß, Wegbeschreibung und Proviant ins Auto gepackt werden, weiß der Hund, daß er an diesem Tag mal wieder der Mittelpunkt ist.

Am häufigsten werden die Spezialzuchtschauen besucht. Dies sind Ausstellungen, auf denen ausschließlich Deutsche Doggen gezeigt werden. Diese Schauen finden fast alle im Freien statt und sind daher auf die Monate mit entsprechendem Wetter beschränkt. Die Klassen sind nach Farben und Alter der Hunde gegliedert.

Es starten in der Jüngstenklasse Hunde von 6 bis 9 Monaten, in der Jugendklasse Hunde von 9 bis 18 Monaten und in der Offenen Klasse Hunde ab 15 Monaten. In der Championklasse dürfen nur Hunde gemeldet werden, die bereits Nationaler Champion (z.B. Deutscher Champion), VDH-Champion, Internationaler Champion oder Bundessieger sind. Außerdem wird auf diesen Schauen der Nachwuchs im Alter von weniger als 6 Monaten präsentiert. Wegen des hohen Infektionsrisikos für solch junge Hunde ist diese Vorstellung des Nachwuchses umstritten. Jeder Besitzer einer jungen Deutschen Dogge sollte sich daher überlegen, ob er das Risiko eingeht, mit

Auswahl der besten Hündin aller Farben

**Beurteilung
in der Stand-
position**

seinem Hund eine solche Ausstellung zu besuchen.

Außer den Spezialzuchtschauen gibt es noch die Internationalen Hundeausstellungen, an denen Hunde aller Rassen teilnehmen. Die Deutsche Dogge gehört zur FCI-Gruppe 2 und startet an dem Tag, an dem diese Gruppe gerichtet wird.

Auf einer Ausstellung wird der Hund dem Richter im Stand und in der Bewegung vorgeführt. Außerdem werden das Gebiß, die Augen, die Rute und bei Rüden die Hoden kontrolliert.
Zur Vorführung im Stand gibt es einige Tricks: Jeder Doggenbesitzer sieht die Schönheit seines Hundes, wenn dieser hinter einem Zaun steht und in der Ferne etwas beobachtet. Der Hund stellt sich dabei auf die Zehenspitzen, macht einen langen Hals und kann sehr lange ruhig in dieser gespannten Position stehen. Genauso möchten wir den Hund

im Ring sehen. Da die meisten Doggen sehr stark auf ihre Bezugsperson fixiert sind, empfiehlt es sich, wenn diese Person außerhalb des Ringes steht und der Hund sie hinter den anderen Personen am Ring sucht. Im Ring wird der Hund dabei von jemandem vorgeführt, den er zwar kennt, auf den er aber nicht stark fixiert ist. Wenn der Hund zur Beurteilung an die Reihe kommt, geht die Bezugsperson mit bis an den Ringrand, eventuell auch einige Schritte in den Ausstellungsring. Dann läuft sie schnell weg und geht außer Sicht des Hundes.

Der Hund versucht natürlich, seinem Frauchen oder Herrchen zu folgen, und will den Ring verlassen. Jetzt liegt es am Vorführer, dem Hund klarzumachen, daß er, genau wie hinter einem Zaun, nicht folgen kann. Ohne den Hund dabei anzusprechen, hält der Vorführer ihn einfach an einer bestimmten gedachten Linie im Ring an der Leine fest. Er darf dabei mit der Leine nicht nachgeben, aber auch nicht an der Leine ziehen. Beim Nachgeben wird der Hund den Kopf zum Boden senken und womöglich auf dem Bauch kriechend den Ring zu verlassen suchen. Zieht der Vorführer den Hund an der Leine zurück, wird sich dieser hinsetzen. Der Vorführer muß den Hund einfach nur festhalten, und schon wird auch ein unerfahrener Hund seinen Kopf hochnehmen und sich ruhig präsentieren.

Natürlich darf er seine Bezugsperson am Ring nicht sehen, sonst legt er die Ohren nach hinten, freut sich und fängt zu bellen an. Die Hunde lernen sehr schnell, was man von ihnen will, vor allem wenn sie nach dem Richten aus dem Ring abgeholt werden und sich Frauchen oder Herrchen überschwenglich freuen und es ein Leckerchen gibt. Bereits nach zwei oder drei Ausstellungen kann es der Hund kaum erwarten, in den Ring zu kommen. Wichtig ist

natürlich hier auch wieder die positive Erfahrung für den Hund im Ring. Von Natur aus empfindet der Hund es als unangenehm, plötzlich ohne Rudelführer in dem freien Vorführring zu stehen und vom Richter und dem Publikum fixiert zu werden.

▶ Schautraining

In vielen Ortsgruppen wird auf dem Übungsplatz auch Schautraining zusätzlich zur üblichen Ausbildung angeboten.

Bei der Vorführung in der Bewegung sollte der Hund an durchhängender Leine links neben dem Vorführer im Trab laufen. Nur so ist das Gangwerk optimal zu beurteilen. Wenn der Hund zur Seite zieht, wird er immer lose in den Ellen erscheinen, auch wenn dies bei korrekter Vorführung gar nicht der Fall ist.

Eine Gruppenvorführung beim Ausbildungswettstreit

Spaß beim Überwinden der Kletterwand

einschläft, wird im Ring dieselbe Mentalität zeigen.

Außerdem sollte man seinen Hund am Tage vor der Ausstellung nicht noch mit Futter belasten. Bei vollem Magen und Darm ist der Hund satt und träge, die Bauchlinie ist nicht gut aufgezogen. Vielleicht sind der Rücken und die Pfoten weicher als ohne das Gewicht des Futters. Bei vollem Darm muß der Hund Kot absetzen, traut sich aber in der fremden Umgebung der Ausstellung nicht, dies zu tun. Die Folge kann ein verspanntes, nicht freies Gangwerk sein. Außerdem sind Leckerchen als Belohnung bedeutend wirksamer als bei einem bereits satten Hund.

Man braucht deswegen keine tierschützerischen Bedenken zu haben. Bei einem Fleischfresser ist es völlig normal, nicht jeden Tag satt zu werden, besonders wenn er nicht der Rudelchef ist. Meine Hunde wissen alle: Wenn sie an einem Tag nicht fressen dürfen, wird der nächste Tag meist ein Ausstellungstag und um so schöner. Außer den Leckerchen auf der Ausstellung gibt es am Abend etwas mehr Futter.

Außerdem ist darauf zu achten, daß der Hund in der richtigen Geschwindigkeit vorgeführt wird, bei der das Gangwerk optimal zur Geltung kommt. Der Hund wird sich der Schrittlänge des Vorführers anpassen. Das Gangwerk des Hundes ist raumgreifend bei einer guten Schrittlänge. Daher benötigt der Vorführer die notwendige Kondition.

Damit ein Hund im Ring aufmerksam steht, sollte man ihn vorher aufmuntern und wach machen. Dazu gehört, daß man selbst hellwach ist. Ein Hund, dessen Besitzer im Gehen

▶ Prüfungen

Neben den Ausstellungen gibt es eine weitere gemeinsame Freizeitaktivität von Hund und Besitzer, nämlich die Ausbildung zu Prüfungen.

Im Deutschen Doggen Club stehen bereits seit 1974 spezielle, auf die Rasse zugeschnittene Prüfungen auf dem Programm. Sie sind vom Ausschuß für Erziehung, Ausbildung und Sport (AEAS) des DDC erarbeitet worden und gelten für alle Leistungsprüfungen, die von den Ortsgruppen des DDC veranstaltet werden. In einer eigenen Prü-

Auch begeistertes, ausgelassenes Spielen gehört zum Hundeplatz.

fungsordnung sind verschiedene Prüfungen formuliert, die den speziellen Eigenschaften der Deutschen Dogge, aber auch ihren oft schwer zu motivierenden Besitzern, Rechnung tragen.

ERSTPRÜFUNG UND UNTERORDNUNGSPRÜFUNGEN ▶ Um den Doggenbesitzern einen Einstieg zu ermöglichen und sie auf weitere Prüfungen neugierig zu machen, gibt es die sogenannte Erstprüfung (EP). Sie besteht aus relativ leichten Unterordnungsprüfungen, die jedes Team bestehen kann. Als nächstes kann man die Unterordnungsprüfung UP1, UP2 und schließlich die schwierigste, die UP3, absolvieren.

FÄHRTENPRÜFUNGEN ▶ Außer diesen Unterordnungsprüfungen gibt es drei Fährtenprüfungen mit un-

terschiedlichen Schwierigkeitsgraden, die FP1, FP2 und FP3. Diese Prüfungen unterscheiden sich nicht wesentlich von den üblichen Fährtenprüfungen anderer Rassen.

BEGLEITHUNDPRÜFUNG ▶ Neben diesen speziellen, auf die Deutsche Dogge zugeschnittenen Prüfungen sieht die Prüfungsordnung auch noch die Begleithundprüfung (BH) vor. Dies ist eine VDH-Prüfung, die einheitlich von allen Rassen absolviert werden kann. Bei dieser Prüfung haben Herr und Hund einen Teil der Prüfung auf einem Übungsplatz oder freiem Gelände und einen anderen Teil im öffentlichen Straßenverkehr zu absolvieren. Der erste Teil ist ähnlich zusammengesetzt wie die doggenspezifischen Unterordnungsprüfungen. Er besteht aus:

Das Gehen über den Balken ist eine Vertrauensfrage.

- Führigkeit und Verhalten im Straßenverkehr: Der Hund wird an loser Leine geführt und soll in Kniehöhe folgen. Auf seinem Weg wird der Hundeführer von einem Passanten geschnitten, ein Radfahrer überholt von hinten und macht sich durch Klingelzeichen bemerkbar.
- Verhalten des Hundes unter erschwerten Verkehrsverhältnissen: Ort dieser Übung sind belebte Plätze wie Omnibusbahnhöfe oder Bushaltestellen. Hier bewegen sich Hundeführer und Hund inmitten stärkerem Passantenverkehr. Außergewöhnliche Geräusche (vorbeifahrende Züge, Durchschreiten einer Unter- oder Überführung) wirken auf den Hund ein.
- Verhalten des kurzfristig im Verkehr allein gelassenen Hundes, Verhalten gegenüber Tieren: Der Hundeführer bindet seinen Hund an einen Zaun an und begibt sich zwei Minuten außer Sicht. Während der Abwesenheit wird in einer Entfernung von fünf Schritten ein angeleinter Hund vorbeigeführt.

- Leinenführigkeit und Unbefangenheit. Die Unbefangenheit wird durch Führen durch eine Menschengruppe geprüft.
- Freifolge.
- »Sitz« aus der Bewegung.
- Ablegen in Verbindung mit Herankommen.
- Ablegen unter Ablenkung.

Im Verkehrsteil wird der Hund im öffentlichen Straßenraum geführt. Es soll mäßiger Verkehr herrschen.

Bei allen Übungen des Verkehrsteils soll sich der Hund ruhig und gelassen verhalten, wie es für eine Deutsche Dogge selbstverständlich ist. So ist es auch nicht verwunderlich, daß sich die Begleithundprüfung zunehmender Beliebtheit erfreut.

Im Zuge der Diskussion um gefährliche Hunde ist gerade die Begleithundprüfung in den letzten Jahren immer populärer geworden. Die Prüfungsteile können ohne großen Aufwand erlernt werden, sind zum Teil sogar selbstverständlich. Durch Ablegen dieser Prüfung kann jeder Hundebesitzer den

Nachweis erbringen, daß sein Hund erzogen ist. Einige Kommunen gewähren bei nachgewiesener Begleithundprüfung sogar einen Steuernachlaß und manche Versicherungen Rabatt.

AUSBILDUNGSWETTSTREIT ▶ Einmal im Jahr findet als Höhepunkt der Ausbildung im Deutschen Doggen Club der sogenannte Ausbildungswettstreit statt. Hier gibt es neben Unterordnungsprüfungen und Fährtenhundprüfungen den Gruppenwettstreit. An diesem Wettstreit nehmen normalerweise mehrere Gruppen teil, meistens Mitglieder einer Ortsgruppe oder Landesgruppe. Eine Gruppe besteht aus vier bis acht Teams (Hund und Hundeführer). Der Gruppenwettstreit besteht aus einer Pflicht und einer nachfolgenden Kür.

Eine solche Kür dauert dreimal etwa fünf Minuten, unterbrochen durch kurze Pausen. Hier werden möglichst publikumswirksame Übungen gezeigt. Jede Gruppe hat ihre eigene Choreographie und zeigt Vorführungen, wie man sie aus dem Reitsport beim Quadrillereiten kennt, kombiniert mit Übungen, wie sie bei Agility-Wettbewerben vorgestellt werden. Es sollen doggentypische Übungen gezeigt werden, die dem Wesen der Deutschen Dogge entsprechen. Dabei ist es jedes Jahr wieder erstaunlich, auf welche neuen Ideen die Gruppen kommen und mit welcher Begeisterung die Hunde diese ausführen.

▶   **Agility**
Die Agility erfreut sich allgemein immer größerer Beliebtheit. Hier kann man mit Hunden aller Rassen den Gehorsam und sportlichen Ehrgeiz un-

Ein Tunnel für Doggen in Spezialgröße

ter Beweis stellen. Vor allem kleinere Rassen können hier ihre Begeisterung für sportlichen Wettkampf zeigen. Die Deutsche Dogge würde von ihrer Mentalität her gern mitmachen. Sie hat jedoch aufgrund ihrer Größe einige Schwierigkeiten. Viele Geräte, die hier verwendet werden, sind eher auf Kleinpudel als auf Deutsche Doggen zugeschnitten. Daher ist jeder Doggenbesitzer gut beraten, sich an der Prüfungsordnung des DDC zu orientieren.

Doggen züchten

Doggen züchten

Im Volksglauben hält sich hartnäckig die Ansicht, daß eine Hündin mindestens einmal im Leben Junge bekommen müßte. Dies ist eine typisch menschliche Denkweise, die wahrscheinlich durch den deutlich sichtbaren und eindrucksvollen Geschlechtszyklus gefördert wird. Auch wenn die Hündin zur empfängnisbereiten Zeit gern wegläuft, um sich belegen zu lassen, tut sie dies nicht bewußt mit dem Ziel, Mutter zu werden. Sie reagiert auf Hormone und folgt ihrem Instinktverhalten. In der hormonellen Ruhephase ist dann alles wieder vorbei. Eine einmalige Trächtigkeit ist auch kein Heilmittel gegen Scheinträchtigkeit. Selbst Hündinnen, die jedes Jahr einen Wurf aufziehen, können in den dazwischenliegenden Hitzen scheinträchtig werden. Die Scheinträchtigkeit ist eine Veranlagung, die entweder vorhanden ist oder nicht. Das Austragen von Welpen ändert daran nichts! Trächtigkeit beugt auch nicht einer Krebserkrankung oder Gebärmuttervereiterung vor. Im Gegenteil: Eine belegte Hündin, die aus irgendwelchen Gründen nicht tragend geworden ist, ist für Gebärmuttervereiterung besonders anfällig. Wenn man seine Hündin vor Erkrankungen der Geschlechtsorgane schützen will, muß man sie kastrieren lassen, d. h. durch

Entfernung der Eierstöcke die hormonelle Ruhephase auf Dauer einstellen. Eine Trächtigkeit verbessert auch nicht den Charakter. Im Bestreben, ihre Welpen zu beschützen, kann eine ängstliche Hündin vorübergehend selbstsicherer oder womöglich aggressiver auftreten. Ihre charakterliche Grundveranlagung bleibt jedoch bestehen. Wenn ihr nicht vollkommener Charakter auf genetischer Veranlagung beruht, sollte man sich überlegen, ob man diese Eigenschaft an Nachkommen weitergibt.

In Familien, in denen Hündin und Kinder zusammenleben, möchten die Kinder einmal junge Hunde haben. Für die Kinder ist es ein wunderbares Erlebnis, die Geburt und später die Welpen mit der Mutterhündin so hautnah zu erleben. Man sollte jedoch niemals den Schmerz unterschätzen, den ein Kind erleidet, wenn es von seinen Spielgefährten Abschied nehmen muß. Dies geschieht ausgerechnet zu einem Zeitpunkt, wenn ihm die Welpen so richtig ans Herz gewachsen sind.

▶ **Persönliche Voraussetzungen**

Die erste und wohl wichtigste Frage, die jeder angehende Züchter für sich selbst beantworten muß, ist die Frage, ob er den Welpen zeitlich gerecht werden kann. Auch wenn im günstigsten

Fall keine Komplikationen während und nach der Geburt auftreten und die Mutter genügend Milch hat, muß man doch ständig Hündin und Welpen betreuen, kontrollieren, die Welpen von Anfang an mehrmals täglich in die Hand nehmen, Gewicht und Kotbeschaffenheit kontrollieren, Nägel schneiden usw. Wenn sie größer werden, müssen sie viermal am Tag gefüttert werden, und der Auslauf ist zu säubern.

Die Welpen benötigen Kontakt mit vielen Menschen, aber auch mit anderen Hunden. Welpenkäufer wollen beraten werden und ihren Hund vor der Abholung besuchen. All dies kostet Zeit und Nerven. Normalerweise sucht man aus dem selbstgezüchteten Wurf einen Welpen aus, um ihn für sich zu behalten. Auch dieser zusätzliche Hund benötigt Zeit. Er muß an der Leine laufen lernen und so jung wie möglich viele fremde Eindrücke sammeln. Erinnern Sie sich daran, was Ihr erster Hund alles kennengelernt hat, als er bei Ihnen einzog. Als sogenannter A-Züchter, d. h. Züchter, der seinen ersten Wurf eintragen läßt, haben Sie noch keinen bekannten Namen. Familien, die einen Hund suchen, informieren sich vor dem Kauf über Züchter und Ausstellungserfolge. Es gibt aber noch keine erfolgreichen Ausstellungshunde mit Ihrem Zwingernamen. Daher ist es ganz normal, daß aufgrund der großen Anzahl von angebotenen Welpen schon einmal Jungtiere bis zum Alter von 6 Monaten, ja, oft sogar bis 10 oder 12 Monate nicht zu vermitteln sind. Auch diese heranwachsenden Hunde benötigen Zeit. Wenn die Welpen klein sind, machen sie viel Freude und noch wenig Arbeit. Füttert man im Alter von 3

Wochen die ersten Mahlzeiten hinzu, wird die Hündin die Exkremente der Welpen nicht mehr entfernen. Jetzt wundert man sich, wie viele Häufchen und Pfützen aufzuwischen sind. Wenn die Welpen 6 Wochen alt sind, fiepen sie nach Futter, wenn man nicht schnell genug mit der Schüssel kommt. Mit etwa 8 Wochen haben die Welpen morgens meistens um vier Uhr ausgeschlafen und spielen lautstark. Die wenigsten Nachbarn werden dafür Verständnis haben. Bereits verkaufte Welpen können möglicherweise zurückgebracht werden, wenn die neuen Besitzer überfordert sind. Solche Hunde sind dann fast immer schlecht erzogen und oft

Bei der Auswahl des Deckrüden sollten alle Positionen stimmen. Hier ein blauer Champion.

Porträt einer
bewährten
Zuchthündin

nicht im besten Zustand. Haben Sie auch die Zeit, den Platz und die Nerven, sich ausreichend um solche Welpen zu kümmern?

Die Mutterhündin sollte so nah wie möglich beim Züchter ihre Welpen zur Welt bringen können, jedoch abseits vom Familientrubel. Spätestens im Alter von fünf Wochen benötigen die Welpen Licht, Luft und Sonne. Dies bedeutet, daß man einen entsprechenden Zwinger oder Auslauf im Freien besitzt. Hier müssen zwei Hütten vorhanden sein, eine für die Welpen, eine zweite mit einer Stufe oder Abtrennung, so daß sich die Mutterhündin vor den Welpen in Sicherheit bringen kann. Außerdem sollte man von vornherein den Platzbedarf einplanen für einen Junghund, den man behält, und für Welpen, die man aufgrund mangelnder Nachfrage länger behalten muß.

DIE FINANZIELLE SEITE ▶ Hundezucht ist ein Hobby. Ein einträglicher Nebenverdienst ist es nie und wird es

nie werden können. Dies haben auch die Steuerbehörden eingesehen, wenn sie von Züchtern Abrechnungen verlangten. Der Preis für eine kleine Dogge scheint im ersten Moment hoch. Rechnet man jedoch die Kosten für Futter, Einrichtung, Impfungen und Entwurmungen, Hundesteuer, Deckgebühren, Vereinsgebühren, Meldegelder für die Ausstellungen, Wurfabnahme- und Körgebühren und Fahrten zu Ausstellungen dagegen, relativiert sich der Welpenpreis. Völlig unrentabel wird die Hundezucht durch die unberechenbaren Ausgaben, wie Kaiserschnitte, Leerbleiben von Hündinnen, unvorhersehbare Operationen, Futterkosten für Welpen, die nicht im Welpenalter verkauft werden konnten, oder kleine Würfe. Hinzu kommt noch die Altersversorgung von Hündinnen, die aufgrund ihres Alters oder nicht zufriedenstellenden Nachwuchses oder wegen einer Totaloperation nicht mehr in der Zucht sind. Es entstehen Aufzuchtkosten für Hündinnen, die nicht angekört werden können oder nicht das halten, was sie als Welpen versprechen. Aus all diesen Gründen hat ein selbstgezüchteter Welpe meist mehr Geld gekostet, als man üblicherweise für eine gekaufte Dogge bezahlen muß.

> ### ▶ Info
>
> Wenn man beim Belegen seiner Hündin auf einen finanziellen Vorteil spekuliert, geht diese Kalkulation nicht auf. Zur Vorbedingung eines Wurfes gehört also auch, daß Geld keine Rolle spielen darf.

Um den Welpen das Erlernen eines korrekten Sozialverhaltens zu ermöglichen, ist bereits beim Züchter der Kontakt mit anderen Hunden und mit möglichst vielen Menschen Voraussetzung. Man sollte sich daher vorher überlegen, ob man seine Hündin belegen läßt, wenn man z. B. nur eine Hündin besitzt, sehr einsam wohnt oder selbst nicht bereit ist, ständigen Besuch von fremden Leuten zu ertragen.

ABGABE VON WELPEN ▶ Im Vorfeld kann man nie wissen, in welche Gewissenskonflikte man sich selbst begibt, wenn man die Welpen abgeben muß. Je gewissenhafter man in der Wahl der Zuchttiere und in der Aufzucht der Welpen war, desto schwieriger wird oft die Abgabe von Welpen. Wenn man also ein sehr emotional geprägter Mensch ist und Angst haben könnte, die Welpen abzugeben, sollte man sich überlegen, ob man sich als Züchter versuchen soll.

▶ Definition der Zucht

Erst wenn man all die persönlichen Dinge für sich selbst entschieden und als Voraussetzung anerkannt hat, gibt es noch andere generelle Fragen, die man kritisch beantworten sollte. Was heißt überhaupt Zucht? In den Satzungen des DDC ist dies folgendermaßen definiert:

Mit viel Glück erhält man in einem Gefleckt-wurf zwei ansprechend gezeichnete Welpen.

Kräftige Welpen
im Auslauf

Erhaltung und Festigung des Rassehundes »Deutsche Dogge« in seiner Rassereinheit, seinem Wesen, seiner Konstitution und seinem formvollendeten Erscheinungsbild. Deutsche Doggen züchten heißt nicht Deutsche Doggen vermehren oder niedliche Welpen bekommen. Zur Zucht gehört ein Zuchtziel. Dies Zuchtziel sollte immer der Standard der Rasse sein. Jeder Züchter muß bemüht sein, Hunde zu züchten, die in möglichst vielen Positionen dem Standard nahekommen. Züchten heißt, mit jedem Wurf den Versuch zu machen, möglichst gute Hunde zu züchten und so die Rasse zu verbessern.

Fragen Sie sich daher bitte: Ist Ihre Hündin geeignet, die Rasse zu verbessern? Hat sie dies auf Ausstellungen durch gute Formwertnoten unter Beweis gestellt? Auch wenn der Besuch von Ausstellungen keine zwingende

Voraussetzung für die Zuchtzulassung ist, sollte man mit seiner Hündin Zuchtschauen erfolgreich besucht haben. Einerseits erfährt man hier von den amtierenden Richtern die Vorzüge, aber auch die Fehler seiner Hündin, andererseits sieht man aber nur hier die Rüden, die eventuell als Zuchtpartner in Frage kommen. Hat Ihre Hündin vielleicht kleine oder auch schwerwiegende Fehler? Man kann nicht davon ausgehen, daß Fehler einer Hündin vom Rüden kompensiert werden. Auch wenn einzelne Fehler in der ersten Generation nicht mehr auftreten, werden sie doch weitergegeben und erscheinen in späteren Generationen wieder. Wenn es sich um Mängel handelt, die z. B. Gesundheit oder Langlebigkeit beeinflussen, muß man sich gut überlegen, ob man Welpen in die Welt setzt, die nicht die besten Voraussetzungen für ein gutes und langes Leben haben.

MITGLIEDSCHAFT IM ZUCHTVEREIN ▶
Bereits beim Welpenkauf haben Sie außer der Ahnentafel ein Aufnahmeformular für den Zuchtverband, z. B. den DDC 1888 e.V., erhalten. Beim Besuch von Zuchtschauen haben Sie bereits die Ortsgruppen des Vereins kennengelernt, die für die Ausrichtung von Ausstellungen verantwortlich sind. Viele neue Doggenbesitzer beantragen jetzt die Mitgliedschaft im Verein, um über Termine von Ausstellungen, Prüfungen und anderen Veranstaltungen durch die clubeigene Zeitschrift informiert zu werden. Nur auf solchen Zuchtschauen konnte man sich bisher über geeignete Zuchtpartner informieren. Neuerdings werden auch detaillierte Einzelinformationen über angekörte Hunde in der Clubzeitschrift veröffentlicht, so daß man über die einzelnen Merkmale der Hunde nachlesen kann. Außerdem werden in der Clubzeitschrift Richterberichte von Sieger-

Prinzessin auf dem Diwan

tieren und plazierten Hunden veröffentlicht. Aus all diesen Gründen ist es ratsam, Mitglied im Zuchtverband zu sein.
Außerdem ist auch der Kontakt mit
anderen Züchtern und Doggenbesitzern
wichtig, da man viele Tips bekommen
kann. Spätestens jedoch, wenn man
selbst beabsichtigt, einen Wurf zu ziehen, sollte man als Verbandsmitglied
züchten. Außerdem beträgt die Wel-
peneintragung für Nichtmitglieder ein
Mehrfaches der Eintragungsgebühr
für Mitglieder.

Zum Erlangen der Mitgliedschaft
wird der Beitrittsantrag an den Kassen-
verwalter geschickt, der die Veröffentlichung von Name und Anschrift in der
Clubzeitschrift veranlaßt. Erst wenn
nach einer bestimmten Frist kein Ein-
spruch eingelegt wird, ist man Mitglied
im Zuchtverband und erhält monatlich
vom DDC die Zeitschrift »Unsere Deutsche Dogge«.

Der zweite Doggenverein im VDH,
die »Kynologische Gesellschaft für
Deutsche Doggen«, gibt eine viertel-
jährlich erscheinende eigene Zeitschrift
heraus.

ZWINGERNAME ▶ Die nächste Maßnahme auf dem Weg, Züchter zu werden, ist die Beantragung eines Zwinger-
namens. Man reicht hierzu drei Vor-
schläge beim Zuchtleiter ein. Der für
das Gebiet zuständige Zuchtwart be-
sichtigt die zukünftige Zuchtstätte und
stellt fest, ob die vom Zuchtverband vor-
geschriebenen Mindestanforderungen
vorhanden sind. Diese Bedingungen
gehen über die vom Gesetzgeber gefor-
derten Mindestanforderungen hinaus
und sind beim Zuchtwart erhältlich.Der
Zuchtleiter prüft, ob der Zwingername
in der gleichen oder in ähnlicher, ver-
wechselbarer Form schon einmal ver-
geben wurde. Ist dies nicht der Fall, so

Eine vorbildliche Wurfkiste mit Abstandsleiste, damit die Welpen nicht erdrückt werden können

wird der Zwingername für den Züchter geschützt. Dieser Zwingernamenschutz kann auf nationaler Ebene oder international geschehen. Alle zukünftigen Würfe tragen dann den geschützten Zwingernamen des Züchters. Die Würfe, die in diesem Zwinger fallen, erhalten normalerweise nach dem Alphabet fortlaufende Anfangsbuchstaben.

HD-UNTERSUCHUNG UND FINGERPRINT ▸ Neben den Anforderungen an die Zuchtstätte muß jeder Hund, der zur Zucht verwendet werden soll, einige formale Voraussetzungen erfüllen und eine bestimmte Beurteilung durchlaufen.

Die erste Maßnahme für einen später zur Zucht zu verwendenden Hund ist die Erstellung einer Röntgenaufnahme auf Hüftgelenksdysplasie. Der Hund muß mindestens 13 Monate alt sein. Unter Narkose wird er in der Praxis eines zugelassenen Tierarztes geröntgt und die Aufnahme zusammen mit der Ahnentafel an das Zuchtbuchamt gesandt. Der Zuchtleiter schickt die Röntgenaufnahmen zur zentralen Auswertung an den vom Zuchtverband beauftragten Gutachter. Zur Zucht eingesetzt werden nur Hunde mit der Auswertung 0, 1 oder 2, d. h. HD-frei, Verdacht auf HD und leichte HD, wobei HD 2 nicht mit HD 2 verpaart werden darf. Der Röntgentierarzt muß gleichzeitig die Tätowiernummer des Hundes kontrollieren und eine Blutprobe zur genotypischen Untersuchung, dem sogenannten genetischen Fingerprint, entnehmen. Die Blutprobe dient der Überprüfung, wenn Verdacht auf falsche Angabe eines Elterntieres besteht.

ZUCHTZULASSUNGSPRÜFUNG ▸ Im Gegensatz zu vielen anderen Rassen müssen Deutsche Doggen vor der Zuchtverwendung keine Ausstellungsbewertungen vorweisen. Sie müssen lediglich auf einer Zuchtzulassungsprüfung vorgestellt und bewertet werden. Hier wird der Hund von zwei Körmeistern, ähnlich wie auf einer Ausstellung, beurteilt und zusätzlich gemessen. Die Beurteilung der einzelnen Positionen wird auf einem Körbogen vermerkt. Der HD-Befund und die Körergebnisse werden regelmäßig veröffentlicht, so daß sich jeder über die einzelnen Vor- und Nachteile der zur Zucht zugelassenen Tiere informieren kann.

▸ Was im voraus zu bedenken ist

Wenn für die eigene Hündin die formalen Voraussetzungen für die Zucht gegeben sind, sollte man sich frühzeitig um einen Deckrüden bemühen. Geeignet ist wahrscheinlich nicht der in möglichst geringer Entfernung lebende angekörte, farblich zugelassene Rüde. Geeignet heißt zur Hündin passend, so daß Nachwuchs entsteht, der dem Idealbild der Rasse möglichst nahe kommt. Gleichzeitig sollte man auf Gesundheit und Langlebigkeit achten. Hier zeigt sich das Geschick und die Erfahrung eines Züchters. Um einen solchen Zuchtpartner zu finden, hat man verschiedene Informationsmöglichkeiten. Neben den Veröffentlichungen in der Clubzeitschrift (HD-Befund, Parameter der Zuchtzulassung und Fotos aus Anzeigen) kann man Rüden auf Ausstellungen persönlich kennenlernen und begutachten.

Oft wird der Fehler gemacht, einen Rüden zu verwenden, der möglichst viele Ausstellungserfolge vorweisen kann.

Diese Wahl wird in den seltensten Fällen den gewünschten Erfolg bringen. Eine Kombination aus zwei Bundessiegern muß nicht automatisch gute Hunde ergeben. Vielmehr sollte man versuchen, gute Eigenschaften zu festigen und gleiche Fehler nicht von beiden Seiten zusammenzuführen.

Außerdem muß man bei der Wahl des Zuchtpartners den Inzuchtkoeffizienten beachten, d. h. die Elterntiere dürfen einen bestimmten, genau zu errechnenden Verwandtschaftsgrad nicht überschreiten. Dadurch soll ein möglichst breites Spektrum von Erbanlagen in der Rasse erhalten bleiben. Die genetische Vielfalt dient auf Dauer der Gesunderhaltung der Rasse. Der Inzuchtkoeffizient darf bei einer Paarung Deutscher Doggen nicht über 12,5 % liegen.

FARBKOMBINATION ▶ Die fünf im Standard beschriebenen Farben, gelb, gestromt, gefleckt, schwarz und blau, darf man nicht wahllos miteinander verpaaren.

Gezüchtet wird in drei Farbschlägen, nämlich gelb-gestromt, gefleckt-schwarz und schwarz aus blau-blau. Im gelb-gestromten Farbschlag erhält man aus zwei gelben Elterntieren nur gelbe Nachkommen, verpaart man gelb mit gestromt, so ergeben sich 50% gelbe und 50% gestromte Welpen, wenn der gestromte Partner den Faktor für gestromt einfach in seinem Erbgut trägt. Hat das gestromte Elterntier diesen Faktor doppelt, so erhält man nur gestromte Welpen, da der Gestromtfaktor dominant gegenüber gelb vererbt wird. Ähnlich einfach verhält es sich im blauen Farbschlag. Verpaart man blaue Tiere miteinander, erhält man immer nur blaue Nachkommen. In diesem Farbschlag werden auch die schwarzen Tiere eingesetzt, die aus der Blauzucht stammen. Da blau rezessiv gegenüber schwarz vererbt wird, sind diese spalterbig in blau. Man erhält dann statistisch 50% blaue und 50% schwarze Welpen, spalterbig in blau. Kompliziert wird es, wenn bei einer solchen Paarung beide Elterntiere spalterbig in gelb sind. Man erhält dann neben blauen und schwarzen sogar gelbe und sogenannte isabellfarbene Welpen. Isabell ist eine Kombination aus den beiden rezessiv vererbten Farben gelb und blau. Einige Jahre lang sind schwarze Tiere, die sich im gefleckten Farbschlag als spalterbig in gelb herausstellten, im blauen Farbschlag eingekreuzt worden. Dies diente der Typverbesserung und hat in der Blauzucht auch eine gesundheitliche Verbesserung gebracht. Dadurch sind jedoch in diesem Farbschlag viele Tiere mit dem verdeckten Farbgen für gelb vorhanden. Isabellfarbene Welpen können auch im gelb-gestromten Farbschlag fallen, wenn beide Elterntiere spalterbig in blau sind. Als sogenannte Fehlfarbe ist diese Farbe für Zucht und Ausstellung nicht zugelassen.

Während in diesen Farbschlägen die Vererbung noch relativ einfach ist und sich mit den Mendelschen Gesetzen erklären läßt, wird es im gefleckten Farbschlag sehr viel komplizierter. Zu den oben beschriebenen Farbgenen schwarz, gelb und blau kommen hier noch die Gene für gefleckt (weiß-schwarz und Grautiger) und weiße Abzeichen hinzu. Die Bandbreite der weißen Abzeichen reicht vom kleinen weißen Brustfleck über Brustfleck und weiße Pfoten und weißen Halsring (Manteltiger) bis hin zum Plattenhund. Dies sind genetisch schwarze Hunde,

Kopfstudie eines Welpen, der die Augen noch nicht geöffnet hat

die überwiegend weiß sind und nur wenige schwarze Platten auf dem Rücken besitzen und je einen schwarzen Fleck um jedes Auge. Während bei den schwarzen Doggen auf Ausstellungen große weiße Abzeichen nicht gern gesehen werden, sind sie in der Zucht der gefleckten Doggen durchaus erwünscht. Durch Einkreuzung von Manteltiger und Plattenhunden erhält man gefleckte Tiere mit weißer Brust und weißen Vorderbeinen. In dem gefleckten Farbschlag hat man zu allen Zeiten mit Sondergenehmigung, aber auch unter Angabe eines falschen Deckrüden, immer wieder gelbe und blaue Tiere eingekreuzt. Das hat dazu geführt, daß in diesem Farbschlag ein vielfältiges genetisches Potential vorhanden ist. Dies hat unbeabsichtigt der Gesundheit der Rasse gedient. Während in früheren Jahren oft wertvolle Zuchttiere, vor allem schwarze Deckrüden, die sich als gelb- oder blaufaktoriell erwiesen haben, aus der Zucht ausgeschlossen wurden,

wird seit 1999 jede Spalterbigkeit veröffentlicht, ohne daß der Hund gemaßregelt wird. Hierdurch erhält der Züchter mehr Informationen und kann selbst entscheiden, ob er mit seiner Hündin zu einem Rüden geht, der spalterbig in gelb oder blau ist. Bei Spalterbigkeit in gelb muß man sich bewußt sein, daß man riskiert, gelb-gefleckte Welpen zu bekommen. Auch wenn weiß-schwarzgefleckte Welpen geboren werden, ist oft die Grundfarbe nicht sauber weiß, da die starke Hautpigmentierung aus dem gelben Farbschlag weitergegeben wird. Schwarze und gefleckte Tiere, die gelbfaktoriell sind, besitzen außerdem im Haarwechsel eine sehr braune Unterwolle und sind nicht so dunkelschwarz wie reinerbig schwarze und gefleckte Tiere, die nicht spalterbig in Gelb sind. Gefleckte Hunde, die spalterbig in blau sind, besitzen oft eine sehr saubere Grundfarbe, allerdings meist neben den schwarzen Flecken auch einzelne blaue. Durch diese Vielzahl von Kombinationen aller Farbund Zeichnungsgene gibt es eine hohe Zahl von Kombinationsmöglichkeiten. Dadurch entstehen im gefleckten Farbschlag neben den üblichen Grautigern auch eine Vielzahl von Porzellantigern.

LÄUFIGKEIT ► Wenn nun die Wahl des Deckrüden erfolgt ist und der Deckrüdenbesitzer zugesagt hat, seinen Rüden zur Verfügung zu stellen, muß die Hündin nur noch läufig werden. Hündinnen werden in der Regel alle 6 Monate hitzig. Es gibt aber auch Hündinnen, die nach 4 Monaten, andere jedoch erst nach 8 Monaten oder später wieder läufig sind. Mit der ersten Hitze muß man im Alter von 9 Monaten rechnen. Sehr viele Doggenhündinnen lassen sich jedoch Zeit bis zum Alter von 12 bis 14 Monaten. Nach der hormonellen Ruhephase zwischen zwei Hitzen, die auch als Anöstrus bezeichnet wird, kündigt sich die baldige neue Läufigkeit dadurch an, daß die Hündin häufig Harn absetzt. Sie markiert damit ihr Territorium bereits, bevor die eigentliche Hitze begonnen hat. Zwei bis fünf Tage vor Beginn der Blutung schwillt die Scham an. Manchmal zeigt sich ganz wenig wäßriges Sekret. Mit Beginn der Läufigkeit erscheinen dann dunkelrote Blutstropfen. Die Hündin interessiert sich für Rüden und fordert sie zum Spielen auf. Wenn der Rüde aufsteigen will, verhindert die Hündin dies durch Weglaufen, Knurren oder Schnappen. Diese Phase wird als Vorbrunst oder Proöstrus bezeichnet und dauert 3 bis 12 Tage. Wenn der Ausfluß heller und wäßriger wird, beginnt die eigentliche Hochbrunst oder Östrus. Die Hündin »steht«. Sie bietet sich in typischer Weise dem Rüden an, indem sie die Rute zur Seite nimmt und ihre Scham präsentiert. In dieser Phase kann die Hündin belegt werden. Jetzt reitet sie auch auf anderen Hündinnen auf. Die Hochbrunst geht nach einigen Tagen in die Nachbrunst oder Metöstrus über. Die

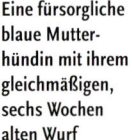

Eine fürsorgliche blaue Mutterhündin mit ihrem gleichmäßigen, sechs Wochen alten Wurf

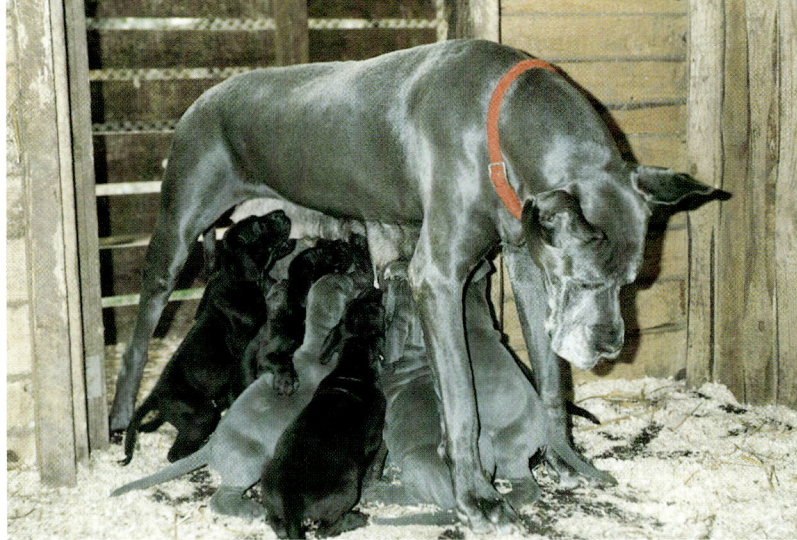

Hündin wird ruhiger, sie verliert kein Sekret mehr. In einigen Fällen kommt es wieder zu dunkelrotbraunem Ausfluß. Nun zeigt die Hündin kein Interesse mehr an Rüden und verhindert Annäherungsversuche durch Beißen.

ERMITTLUNG DES DECKTERMINES ▶ Als Faustregel gelten bei einer Läufigkeit von ca. drei Wochen der 10. bis 13. Tag als der günstigste Zeitpunkt zum Belegen der Hündin. Leider halten sich viele Deutsche Doggen nicht an dieses Zeitschema. Ich selbst besaß einmal eine Hündin, die am 6. Tag der Hitze belegt werden mußte, und eine andere, die erst am 24. Tag der Läufigkeit stand. Da der geeignete Deckrüde oft einige 100 Kilometer entfernt lebt, möchte man als Züchter natürlich den Zeitpunkt des Belegens so legen, daß die Hündin auch tragend wird. Eine bewährte Methode, den richtigen Tag zu bestimmen, ist die Beobachtung der Hündin im Rudel. Dazu läßt man die Hündin täglich für eine kurze Zeit mit anderen Hündinnen spielen und beobachtet ihr Verhalten. Natürlich kann man eine Hündin noch besser mit einem Rüden »abprobieren«. Nur kann es dann manchmal sehr schnell zu einem ungewollten Deckakt kommen, wenn der Rüde in der Größe zu der Hündin paßt. Wenn die Hündin »steht« und die Rute zur Seite nimmt, fährt man am nächsten oder übernächsten Tag zum Rüden. Wenn sich dann gleichzeitig der Ausfluß von dunkelrot auf hellrot verfärbt, kann man ziemlich sicher sein, den richtigen Zeitpunkt getroffen zu haben.

Viele Hündinnenbesitzer möchten sich den richtigen Decktermin von einem Tierarzt bestätigen lassen. Seit vielen Jahren ist hierzu die Scheidendiagnostik üblich. Ein Vaginalabstrich wird gefärbt und unter dem Mikroskop untersucht. An der Anzahl und Form verschiedener Zellen kann man feststellen, in welchem Stadium der Läufigkeit sich die Hündin befindet. Einen solchen Abstrich sollte man immer an mehreren Tagen machen lassen, um Veränderungen zu erkennen. Oft sind die erwarteten Veränderungen bei Deutschen Doggen so gering, daß der Tierarzt sehr viel Erfahrung mit dieser Methode haben muß, um eine sichere Aussage machen zu können.

> ### ▶ Trächtigkeitsnachweis
>
> In letzter Zeit wird immer häufiger der sogenannte Progesterontest vom Tierarzt durchgeführt. Hier wird dem Hund Blut abgenommen und der Hormonstatus bestimmt. Diese Methode setzt sich immer mehr durch und ist sehr viel sicherer als der Scheidenabstrich.

DECKAKT ▶ Wenn der richtige Tag zum Decken gekommen ist und man die Höhe der Decktaxe vereinbart hat, sollte man mit dem Besitzer des Rüden absprechen, wie man Rüde und Hündin zusammenführt. Normalerweise wird man mit seiner Hündin zum Rüden fahren und deckt auf dem Territorium des Rüden. Viele, vor allem wenig erfahrene Rüden würden auf fremdem Gelände nicht sicher genug sein, um zu decken. Andererseits ist die Hündin auf fremdem Gebiet oft unsicher und wird vielleicht versuchen, den Rüden wegzubeißen oder sich hinzusetzen. Es empfiehlt sich daher, die Hündin an Kopf und Halsband festzuhalten, damit sie nicht beißen kann. Nur in Ausnahme-

Satt und zufrieden

fällen sollte man Rüde und Hündin zusammen laufen und spielen lassen. Vor dem Deckakt muß sich der Rüdenbesitzer von der Ordnungsmäßigkeit der Papiere mit dem Vermerk der Zuchttauglichkeit und der Identität der Hündin überzeugen.

Bei allen Hundeartigen hat der Deckakt eine Besonderheit. Nach dem Eindringen des Rüden in die Vagina und einigen Friktionsbewegungen schwillt der Penisschwellkörper des Rüden an, und Rüde und Hündin »hängen«. Zu diesem Zeitpunkt kann es vorkommen, daß die Hündin Schmerz, empfindet, sich heftig wehrt und versucht wegzulaufen. Jetzt muß sie gut festgehalten werden. Nach einigen Sekunden vergeht der Schmerz und die Hündin wird wieder ruhig. Wenn man die Hündin nicht festhält, versucht sie sich loszureißen, und es kann zu erheblichen Verletzungen bei Rüde und Hündin kommen. Jetzt hängen Rüde und Hündin für ca. 15 bis 45 Minuten. In dieser Zeit

samt der Rüde ab, und es kommt zu wellenförmigen Kontraktionsbewegungen der Gebärmutter der Hündin, wodurch das Sperma transportiert wird. Üblicherweise kann man für den Fall des Leerbleibens der Hündin in der nächsten Läufigkeit einen neuen Versuch starten, ohne nochmals Deckgeld zu bezahlen. Das Deckgeld, das man vorher vereinbart hat, wird mit erfolgtem Deckakt fällig

▶ **Trächtigkeit**
Während der ersten Hälfte der Trächtigkeit wird die Hündin so gefüttert wie immer, natürlich mit einem Futter, in dem das Kalzium-Phosphor-Verhältnis stimmt. Nach drei bis vier Wochen sieht man eine Zunahme im Bereich der letzten Rippe. Während man bei kleineren Hunderassen mit ca. drei Wochen oft eine Veränderung an der Gebärmutter fühlen kann, ist dies bei Doggen aufgrund der Größenverhältnisse meistens nicht möglich. Etwa zu diesem Zeit-

punkt schwellen die Brustwarzen an und stehen ab. Das Gesäuge verändert sich aber noch nicht. Viele Besitzer glauben jetzt, ihrer Hündin mehr Futter geben zu müssen. Dabei ist ein zu guter Futterzustand für die Hündin eher schädlich. Sie sollte auf keinen Fall zum Geburtstermin fettgefüttert sein. Der normale tägliche Auslauf sollte beibehalten werden, auch wenn die Hündin mit zunehmender Trächtigkeit immer bequemer wird. In der zweiten Hälfte der Trächtigkeit kommt es zu einer deutlichen Gewichts- und Umfangsvermehrung. Jetzt sollte die Hündin mit einem Futter ernährt werden, wie es auch Welpen erhalten.

TIP

Die tägliche Futtermenge muß auf mehrere Mahlzeiten verteilt werden, da die Hündin wegen des Welpenwachstums nicht mehr so große Mengen Futter auf einmal aufnehmen kann.

Zur Vorbereitung auf eine komplikationslose Geburt kann man verschiedene homöopathische Mittel geben, die beim Tierarzt erhältlich sind.

Sofern man vor dem Belegen den Impfschutz nicht aufgefrischt hat, kann man ca. zwei Wochen vor dem Geburtstermin noch einmal mit einem Totimpfstoff gegen Parvovirose impfen lassen. Ca. eine Woche vor dem zu erwartenden Geburtstermin gewöhnt man die Hündin bereits an die Wurfkiste und die Rotlichtlampe. Einige Tage vor dem Geburtstermin kann man der Hündin Milch abnehmen und zur mikrobiologischen Untersuchung an ein veterinärmedizinisches Institut schicken. So kann man sich vergewissern, daß die

Milch in Ordnung ist, d. h. keine Bakterien enthält. Falls doch Erreger nachgewiesen werden, kann man sofort einen Resistenztest machen lassen, damit die Hündin mit den richtigen Antibiotika behandelt werden kann.

LEERBLEIBEN DER HÜNDIN ▶ Wenn bereits drei Wochen nach dem Deckakt das Gesäuge stark zunimmt, ohne daß die sonst üblichen anderen Veränderungen erkennbar sind, muß man damit rechnen, daß die Hündin leergeblieben ist.

Gründe für das Leerbleiben

▶ Es kann der falsche Zeitpunkt zum Belegen gewesen sein.

▶ Es kann eine Fruchtbarkeitsstörung der Hündin vorliegen, z. B. Fehlen eines Eisprungs oder Infektionen des Genitaltraktes.

▶ Unfruchtbarkeit des Rüden. Hier kann eine Spermauntersuchung des Rüden Klarheit bringen und ihn unter Umständen entlasten.

▶ Im Falle des Leerbleibens einer Hündin ist die Gefahr einer Gebärmuttervereiterung größer, als wenn die Hündin gar nicht belegt worden wäre. In allen Fällen ist die Wasseraufnahme der Hündin zu beobachten und spätestens bei vermehrtem Durst ein Tierarzt aufzusuchen.

▶ Geburt

Nach 63 bis 65 Tagen ist es dann soweit. Jetzt wird die Geduld des Züchters auf eine harte Probe gestellt. Die nahende Geburt kündigt sich an, wenn die Hündin nicht mehr frißt und in kleinen Portionen Kot absetzt. Die Körpertemperatur fällt um 0,5 bis 1,0 °C bis auf eine Temperatur von unter 37°C. Jetzt ist innerhalb von 12 Stunden mit dem ersten Welpen zu rechen. Wenn die Hündin dann anfängt zu hecheln und unruhig wird, steht die Geburt unmittelbar bevor. Jetzt möchte Ihre Dogge nicht mehr allein gelassen werden. Von diesem Zeitpunkt an gehört der Züchter neben die Wurfkiste. Phasen der Unruhe mit Kratzen wechseln mit tiefem Schlaf. Wenn dann die ersten Preßwehen einsetzen, wissen manche Hündinnen instinktiv, was geschieht. Andere versuchen, diesen Schmerz zu verhindern, indem sie sich auf kalten Fußboden legen, unruhig umherlaufen, Wasser trinken, sich auf den Rücken legen oder einfach den Schmerz ignorieren, indem sie sich schlafend stellen. Eine meiner Hündinnen bekam ihren ersten Welpen auf dem Schoß meiner Frau sitzend, die Pfoten auf der Schulter meiner Frau. In jedem Fall sucht die Deutsche Dogge die Nähe des Menschen.

▶ Zur Grundausstattung der Geburtshilfe gehören:

☐ Schere zum Abschneiden der Nabelschnur

☐ Saubere Handtücher zum Trockenreiben der Welpen

☐ Uhr zum Feststellen der Abstände zwischen den Welpen

☐ Waage zur Ermittlung des Geburtsgewichts

☐ Verschließbarer Abfalleimer zum Entsorgen der Nachgeburten

☐ Schreibzeug zur Protokollierung vom Zeitpunkt der Geburt der einzelnen Welpen sowie Farbe und Gewicht

Jedesmal, wenn ein Welpe geboren wird, befreit man ihn aus den Eihüllen, schneidet den Nabel auf einer Länge von 1 bis 2 cm ab und rubbelt den Welpen mit einem Handtuch, bis er deutlich atmet. Dann kann man ihn der Mutterhündin vor die Schnauze oder ans Gesäuge legen, damit sie ihn weiterlecken kann. Erstlingshündinnen oder Hündinnen mit Kaiserschnitt muß man an den erstgeborenen Welpen langsam gewöhnen. Sie wissen oft noch nicht, was sie mit ihm anfangen sollen, manche nehmen auch vor dem schreienden Winzling Reißaus.

Viele Doggen lassen sich während der Geburt viel Zeit. Abstände von 2 bis 3 Stunden zwischen den einzelnen Welpen sind ganz normal. Wenn nach 3 bis 4 Stunden jedoch kein Welpe geboren wird oder unter Preßwehen die Geburt nicht weiter vorangeht, muß ein Tierarzt gerufen werden. Viele Züchter setzen sich schon vor der Geburt mit ihrem Tierarzt in Verbindung, damit sich dieser auf eine mögliche Geburtshilfe einstellen kann. Manche Tierärzte geben auch an erfahrene Züchter geringe Mengen von aufgezogem Wehenmittel ab. Falls diese Mittel angewendet werden müssen, sollte man mit der Dosierung von Oxytocin sehr vorsichtig sein. Doggen sprechen hierauf sehr stark an. Gaben von 0,5 ml Oxytocin sind ausreichend. Bei zu hohen Gaben kommt es nicht zu der gewünschten wellenförmigen Kontraktion, sondern zu einem generellen Muskelkrampf der gesamten Gebärmutter. Hierbei wird der Welpe nicht mehr transportiert, und die Gebärmutter erschlafft zum Schluß.

Durch das Einschießen der Milch in das Gesäuge der Hündin mit Beginn der Geburt, spätestens beim Säugen des ersten Welpen, kommt es bei Doggen oft zur Verminderung des Kalziumspiegels im Blut, ohne daß es direkt zu einer Tetanie kommt. Daher empfiehlt es sich, bei Komplikationen während der Geburt immer Kalziumlösungen intravenös vom Tierarzt verabreichen zu lassen. Dies muß jedoch sehr langsam geschehen, da die Hündin sonst anfängt zu speicheln, Herzflattern bekommt und erbricht. Wenn sich die Hündin in der Wurfkiste entspannt auf die Seite legt, um die Welpen säugen zu lassen, und sich beim Durchtasten des Bauches kein Welpe mehr fühlen läßt, ist die Geburt abgeschlossen.

Nach der Geburt sollte man immer vorsorglich eine Säuberungsspritze geben lassen. Neben Oxytocin für den Fall, daß noch ein Welpe im Geburtskanal steckt, enthält diese Spritze auch ein Antibiotikum, um Infektionen vorzubeugen.

Im Normalfall liegt die Hündin entspannt bei ihren Welpen, Milch ist reichlich vorhanden, und die Hündin zeigt wieder Appetit. Jetzt ist es auch an der Zeit, den Zuchtwart zu benachrichtigen.

Info

Sollte die Hündin am 2. Tag nach der Geburt nicht fressen wollen, nicht genügend Milch vorhanden sein oder die Hündin Fieber bekommen haben, ist unbedingt ein Tierarzt zu rufen.

Welpenentwicklung

Deutsche Doggen werden mit einem Gewicht von ca. 500 bis 800 g blind und taub geboren. Durch tägliches Wiegen kontrolliert man das Wachstum der Welpen. Nach einer Woche haben die Welpen ihr Geburtsgewicht verdoppelt.

Nach 10 Tagen öffnen sich die Augen, und die Kleinen blinzeln, wenn ihnen Licht in die Augen fällt. Bereits nach einigen Tagen sollte man die Krallen der Vorderfüße der Kleinen schneiden, damit das Gesäuge der Mutterhündin nicht durch die scharfen Krallen wund wird.

Nach etwa 14 Tagen öffnet sich der äußere Gehörgang, und die Welpen zucken zusammen, wenn sie Geräusche hören. Zu diesem Zeitpunkt, jedoch spätestens im Alter von 3 Wochen, können Mutterhündin und Welpen nach draußen. Je nach Witterung ist auch dort eine Rotlichtlampe erforderlich. Bereits jetzt muß man darauf achten, daß die Welpen täglich in die Hand genommen werden, um von klein auf Kontakt mit Menschen zu bekommen. Sie werden dabei auf den Arm genommen, gestreichelt, man läßt sich beschnuppern und spricht die Kleinen an.

In der 3. Lebenswoche muß man den Welpen die erste Wurmkur eingeben. Abgegangene Spulwürmer wird man am folgenden Tag im Kot der Mutterhündin wiederfinden, da diese den Kot der Welpen frißt. In Abständen von zwei Wochen erfolgen die nächsten Wurmkuren. Wenn die Mutter nicht genug Milch hat, sind die Welpen unruhig und nehmen nicht genügend an Gewicht zu. In diesem Fall muß man bereits sehr früh zufüttern. Hierfür gibt es spezielle Milchersatzpulver, die in der Zusammensetzung der Milch der Hündin entsprechen. Das Pulver wird mit Wasser angerührt und mit einer Babyflasche verabreicht. Dabei muß man vorsichtig sein, daß sich die Welpen nicht verschlucken. Im Alter von vier Wochen lecken sie dann schon Brei aus einem Schälchen auf. Für diese erste Welpennahrung hat jeder Züchter sein eigenes Rezept. Bewährt hat sich eingeweichtes Welpentrockenfutter, versetzt mit Welpenkost aus der Dose und Welpenmilch, deren Anteil man je nach Alter der Kleinen variieren kann. Jetzt folgen sie auch schon immer weiter und häufiger der Mutterhündin aus der Hütte heraus. Sie haben schnell begriffen, daß es etwas zu fressen gibt, wenn sie gerufen werden. Schon jetzt müssen sie auch lernen, daß sie beim Fressen angefaßt werden. Auch wenn man die Welpen gut füttert, ziehen sie trotzdem am Gesäuge der Mutter und bewirken, daß dieses wund wird. Auch in diesem Alter führen sie noch den sogenannten Milchtritt aus. Jedesmal wenn sie eine Zitze in das Schnäuzchen nehmen, treten sie mit beiden Vorderbeinen abwechselnd gegen das Gesäuge. Hierdurch erfolgt reflektorisch ein Einschießen der Milch. Daher muß man darauf achten, daß die Krallen ständig kurz gehalten werden.

Gerade in der Prägungsphase von der 4. bis 7. Woche ist es besonders wichtig, die Welpen immer wieder auf den Arm oder den Schoß zu nehmen, sie mit Namen anzusprechen und ihnen erste Spielsachen zu geben.

Ab der 6. Lebenswoche müssen sie an Lärm, fremde Objekte und Frauen, Männer und Kinder gewöhnt werden. Die Spielgegenstände werden immer wieder gewechselt, und man gewöhnt die Welpen an fremde Orte durch kleine Spaziergänge im Garten oder indem man sie im Auto an nahegelegene Ziele transportiert.

Ab der 8. Woche gewöhnt man sie an Halsband und Leine und vermittelt ihnen möglichst viele verschiedene Umwelteindrücke. In der 10. Lebenswoche kommt dann die große Umstellung durch den Wechsel in die neue Familie. Zu diesem Zeitpunkt sollten sie bereits einen Impfschutz besitzen, d. h. möglichst schon zweimal geimpft worden sein.

Abenteuerspielplatz für Hunde- und Menschenkinder

Service

Service

▶ **AHNENTAFEL** Abstammungsnachweis, Stammbaum des Rassehundes, ausgestellt vom Zuchtbuchamt.

▶ **DOMINANT/REZESSIV** Gegensätzliche Begriffe aus der Genetik. Das dominante Merkmal überdeckt das rezessive bereits bei einfachem (heterozygotem) Vorkommen. Das rezessive Merkmal wird vom dominanten überdeckt. Es wird erst bei doppeltem (homozygotem) Vorkommen sichtbar.

▶ **FCI** Fédération Cynologique Internationale, internationale Dachorganisation von nationalen Hundeverbänden in der ganzen Welt.

▶ **GANGWERK** Bewegungsablauf des Hundes. Zusammenspiel von Vorhand, Rücken und Hinterhand.

▶ **GEBÄUDE** Körperbau des Hundes.

▶ **HÄNGEN** Während des Deckaktes schwillt der Penisschwellkörper im Glied des Rüden an. Dadurch sind Rüde und Hündin fest miteinander verbunden.

▶ **INZUCHTKOEFFIZIENT** Mathematischer Begriff zur Berechnung des Inzuchtgrades.

▶ **KRUPPE** Hinterer Teil des Hunderückens vom letzten Lendenwirbel bis zum Rutenansatz.

▶ **KUPIEREN** Abschneiden von Körperteilen. Bei Doggen wurde die Rute zu keinem Zeitpunkt kupiert, die Ohren seit 1982 nicht mehr.

▶ **LEFZEN** Lippen des Hundes.

▶ **MERLEFAKTOR** Erbanlage, die Farbverdünnung verursacht und dadurch Scheckung im Fell erzeugt. Paart man zwei Tiere mit Merlefaktor, können fast weiße Tiere geboren werden, die manchmal taub oder blind sind, wenn sie den Merlefaktor doppelt im Erbgut tragen. Tiere, die den Faktor nur einfach besitzen, sind bei Deutschen Doggen niemals mit Defekten behaftet.

▶ **TÄTOWIERUNG** Kennzeichnung von Hunden im Ohr oder Schenkelinnenseite. Pflicht für alle im VDH gezüchteten Hunde.

▶ **ZUCHT** Gezielte Vereinigung von Rüde und Hündin mit dem Ziel, Welpen mit bestimmten erwünschten Eigenschaften zu erhalten.

▶ **ZUCHTBUCH** Wird vom Zuchtbuchamt des Rasseclubs geführt. Anhand des Zuchtbuchs kann man die Abstammung eines Hundes zurückverfolgen.

▶ **ZUCHTWART** Erfahrener, ausgebildeter Züchter, der Würfe anderer Züchter abnimmt. Den Zuchtwarten fällt die Aufgabe zu, die Zucht zu überwachen und Anfangszüchter zu beraten.

Die Deutsche Dogge

▶ **F.C.I.-Standard Nr. 235/09.06.1999/D**
Deutsche Dogge

▶ **Ursprung: Deutschland**

▶ **Verwendung: Begleit-, Wach- und Schutzhund**

F.C.I.-KLASSIFIKATION

Gruppe 2: Pinscher und
Schnauzer, Molosser und
Schweizer Sennenhunde
Sektion 2.1: Molosser,
doggenartige Hunde
ohne Arbeitsprüfung

GESCHICHTLICHER ÜBERBLICK

Als Vorläufer der heutigen
Deutschen Dogge sind der
alte Bullenbeißer sowie die
Hatz- und Saurüden an-
zusehen, die ein Mittelding
zwischen dem starken Ma-
stiff englischer Prägung
und einem schnellen, wen-
digen Windhund waren.
Unter Dogge verstand man
zunächst einen großen,
starken Hund, der keiner
bestimmten Rasse ange-
hören mußte. Später be-
zeichneten Namen wie
Ulmer Dogge, Englische
Dogge, Dänische Dogge,
Hatzrüde, Saupacker und
große Dogge verschiedene
Typen dieser Hunde nach
Farbe und Größe. Im Jahre
1878 wurde in Berlin von
einem siebenköpfigen Ko-
mitee, bestehend aus enga-
gierten Züchtern und Richtern, unter dem Vorsitz von
Dr. Bodinus der Beschluß
gefaßt, alle obengenannten
Varietäten unter dem Na-

men »Deutsche Dogge« zu erfassen. Damit wurde der züchterische Grundstein für eine eigenständige deutsche Hunderasse gelegt. Im Jahre 1880 wurde anläßlich einer Ausstellung in Berlin erstmals ein Doggen-Standard festgelegt, seit dem Jahre 1888 vom »Deutschen Doggen Club 1888 e.V.« betreut und im Laufe der Jahre wiederholt geändert. Seine heutige Formatierung entspricht den Vorgaben der F.C.I.

ALLGEMEINES ERSCHEINUNGSBILD

Die Deutsche Dogge vereinigt in ihrer edlen Gesamterscheinung bei einem großen, kräftigen und wohlgefügten Körperbau Stolz, Kraft und Eleganz. Durch Substanz, gepaart mit Adel, Harmonie der Erscheinung, einer wohlproportionierten Linienführung sowie ihrem besonders ausdrucksvollen Kopf, wirkt sie auf den Betrachter wie eine edle Statue. Sie ist der Apoll unter den Hunderassen.

WICHTIGE PROPORTIONEN

Das Gebäude erscheint nahezu quadratisch; dies gilt besonders für Rüden. Die Rumpflänge (Brustbeinspitze bis Sitzbeinhöcker) soll die Widerristhöhe bei Rüden um nicht mehr als 5 % und bei Hündinnen um nicht mehr als 10 % überschreiten. Die Widerristhöhe beträgt bei Rüden mindestens 80 cm und bei Hündinnen mindestens 72 cm.

VERHALTEN / CHARAKTER (WESEN)

Freundlich, liebevoll und anhänglich gegenüber ihren Besitzern, besonders gegenüber den Kindern; zurückhaltend gegenüber Fremden. Gefordert wird ein selbstsicherer, unerschrockener, leichtführiger, gelehriger Begleit- und Familienhund mit einer hohen Reizschwelle, ohne Aggressivverhalten.

KOPF
OBERKOPF

SCHÄDEL In Harmonie zur Gesamterscheinung, langgestreckt, schmal, markant, ausdrucksvoll, fein gemeißelt (besonders die Partie unter den Augen); die Augenbrauenbögen gut entwickelt, ohne jedoch hervorzutreten. Der Abstand von der Nasenspitze zum deutlich betonten Stop und vom Stop zum schwach ausgeprägten Hinterhauptsbein soll möglichst gleich sein. Die oberen Linien von Fang und Schädel sollen parallel verlaufen. Von vorne gesehen muß der Kopf schmal erscheinen, wobei der Nasenrücken möglichst breit und die Backenmuskeln nur leicht angedeutet sein sollen, keinesfalls stark hervortretend.

STOP Deutlich betont.

GESICHTSSCHÄDEL

NASENSCHWAMM Gut ausgebildet, mehr breit als rund und mit großen Öffnungen. Er muß schwarz sein, mit Ausnahme bei schwarz-weiß gefleckten Doggen. Bei diesen ist eine schwarze Nase erwünscht und eine schwarz gefleckte oder fleischfarbene zu tolerieren.

FANG Soll tief und möglichst rechteckig sein. Gut erkennbare Lefzenwinkel. Dunkel pigmentierte Lefzen. Bei schwarz-weiß gefleckten Doggen sind unvollständig pigmentierte oder fleischfarbene Lefzen zu tolerieren.

KIEFER / ZÄHNE Gut ausgebildete, breite Kiefer. Kräftiges, gesundes und vollständiges Scherengebiß (42 Zähne gemäß der Zahnformel).

AUGEN Mittelgroß, rund, möglichst dunkel, mit lebhaftem, klugem Ausdruck. Bei blauen Doggen sind etwas hellere Augen zulässig. Bei schwarz-weiß gefleckten Doggen sind helle oder Augen von unterschiedlicher Farbe zu tolerieren. Die Lider sollen sehr gut anliegen.

OHREN Von Natur aus hängend, hoch angesetzt,

von mittlerer Größe, vordere Ränder an den Backen anliegend.

HALS

Lang, trocken, muskulös. Gut ausgebildeter Ansatz, sich zum Kopf hin leicht verjüngend, mit geschwungener Nackenlinie. Aufgerichtet getragen, dabei etwas schräg nach vorne geneigt.

KÖRPER

WIDERRIST Der höchste Punkt des kräftigen Körpers. Er wird gebildet durch die Schulterblattkämme, die die Dornfortsätze überragen.

RÜCKEN Kurz und straff, in annähernd gerader Linie geringfügig nach hinten abfallend.

LENDEN Leicht gewölbt, breit, kräftig bemuskelt.

KRUPPE Breit, stark bemuskelt, vom Kreuzbein zum Rutenansatz hin leicht abfallend und unmerklich mit dem Rutenansatz verlaufend.

BRUST Bis zu den Ellenbogengelenken reichend. Gut gewölbte, weit zurückreichende Rippen. Brust von guter Breite, mit ausgeprägter Vorbrust.

UNTERE PROFILLINIE UND BAUCH Nach hinten gut aufgezogen, mit der Unterseite des Brustkorbes eine schön geschwungene Linie bildend.

RUTE Bis zum Sprunggelenk reichend. Hoch und breit angesetzt, sich zum Ende hin gleichmäßig verjüngend. In der Ruhe mit natürlichem Schwung herabhängend, in der Erregung oder im Lauf leicht säbelartig getragen, doch nicht wesentlich oberhalb der Rückenlinie. Bürstenrute nicht erwünscht.

GLIEDMASSEN

VORDERHAND

SCHULTERN Kräftig bemuskelt. Das Schulterblatt, lang und schräg liegend, bildet mit dem Oberarm einen Winkel von etwa 100 bis 110 Grad.

OBERARM Kräftig und muskulös, gut anliegend, sollte etwas länger als das Schulterblatt sein.

ELLENBOGEN Weder aus- noch einwärts drehend.

UNTERARM Kräftig, muskulös, von vorne und von der Seite gesehen völlig gerade.

VORDERFUSSWURZELGE-LENK Kräftig, stabil, sich nur unwesentlich von der Struktur des Unterarms abhebend.

VORDERMITTELFUSS Kräftig, von vorne gesehen gerade, von der Seite gesehen nur gering nach vorne gerichtet.

VORDERPFOTEN Rundlich, hoch gewölbt und gut geschlossen (Katzenpfoten), Nägel kurz, stark, möglichst dunkel.

HINTERHAND

Das gesamte Knochengerüst ist von starken Muskeln bedeckt, die die Kruppe, die Hüfte und die Oberschenkel breit und abgerundet erscheinen lassen. Die kräftigen, gut gewinkelten Hinterläufe stehen, von hinten gesehen, parallel zu den Vorderläufen.

OBERSCHENKEL Lang, breit, sehr muskulös.

KNIE Kräftig, nahezu lotrecht unter dem Hüftgelenk stehend.

UNTERSCHENKEL Lang, von etwa gleicher Länge wie der Oberschenkel, gut bemuskelt.

SPRUNGGELENK Kräftig, stabil, weder nach innen noch nach außen gerichtet.

HINTERMITTELFUSS Kurz, kräftig, nahezu senkrecht zum Boden stehend.

HINTERPFOTEN Rundlich, hoch gewölbt und gut geschlossen (Katzenpfoten). Krallen kurz, stark, möglichst dunkel.

GANGWERK

Harmonisch, geschmeidig, raumgreifend, leicht federnd, wobei sich die Läufe, von vorne und von hinten gesehen, parallel bewegen müssen.

HAUT

Straff anliegend, bei Einfarbigen gut pigmentiert. Bei schwarz-weiß gefleckten Doggen entspricht die Pigmentverteilung überwiegend der Fleckung.

HAARKLEID

HAAR Sehr kurz und dicht, glatt anliegend, glänzend.
FARBE Die Deutsche Dogge wird in drei selbständigen Varietäten gezüchtet: Gelb und Gestromt, Gefleckt und Schwarz, Blau.
GELB Hellgoldgelb bis zum satten Goldgelb, schwarze Maske erwünscht. Nicht erwünscht sind kleine weiße Abzeichen an Brust und Zehen.
GESTROMT Grundfarbe Hellgoldgelb bis zum satten Goldgelb, mit schwarzen, möglichst gleichmäßigen und klar gezeichneten, in Richtung der Rippen verlaufenden Streifen; schwarze Maske erwünscht. Nicht erwünscht sind kleine weiße Abzeichen an Brust und Zehen.
SCHWARZ-WEISS GEFLECKT (sog. Tigerdoggen) Grundfarbe Reinweiß, möglichst ohne jede Stichelung, mit über den ganzen Körper gut verteilten, ungleichförmigen, zerrissenen lackschwarzen Flecken. Nicht erwünscht sind graue oder bräunliche Fleckenanteile.
SCHWARZ Lackschwarz, weiße Abzeichen sind zugelassen; hierzu zählen auch die Manteltiger, bei denen das Schwarz mantelartig den Körper bedeckt

und Fang, Hals, Brust, Bauch, Läufe und Rutenspitze weiß sein können.
BLAU Rein stahlblau, weiße Abzeichen an Brust und Pfoten sind zugelassen.

GRÖSSE

WIDERRISTHÖHE Bei Rüden mindestens 80 cm, bei Hündinnen mindestens 72 cm.

FEHLER

Jede Abweichung von den vorgenannten Punkten sollte als Fehler angesehen werden, dessen Bewertung im Verhältnis zum Grad der Abweichung stehen sollte. Das gilt insbesondere für folgende Abweichungen:
ALLGEMEINES ERSCHEINUNGSBILD Mangelndes Geschlechtsgepräge, fehlende Harmonie, zu leicht, zu grob.
WESEN Mangelnde Selbstsicherheit, nervös, niedrige Reizschwelle.
KOPF Nicht parallel verlaufende Kopflinie, Apfelkopf, Keilkopf, zuwenig Stop, stark ausgeprägte Backenmuskulatur.
FANG Spitz, mangelnde Belefzung, zu weit überhängende Lefzen (Flatterlippen). Nasenrücken konkav (Sattelnase), konvex (Ramsnase) oder vorne abfallend (Adlernase).
KIEFER/ZÄHNE Alle Abweichungen vom vollständigen Gebiß (zu tole-

rieren ist nur das Fehlen der P 1 im Unterkiefer) unregelmäßige Stellung einzelner Schneidezähne, soweit der Gebißschluß überwiegend erhalten bleibt; zu kleine Zähne; Zangengebiß.
AUGEN Lose Lider, zu stark gerötete Bindehäute; helle, stechende, bernsteingelbe Augen; wäßrigblaue oder Augen von unterschiedlicher Farbe bei allen Einfarbigen. Zu weit stehende Augen oder »Schlitzaugen«.
OHREN Zu hoch oder zu tief angesetzt, seitlich abstehend oder flach anliegend. Kupierte Ohren in Form und Länge nicht zum Kopf passend, nicht gleichmäßig straff aufrecht stehend.
HALS Kurzer, dicker Hals, Hirschhals, zuviel lose Kehlhaut oder Wamme.
RÜCKEN Senkrücken, Karpfenrücken, zu langer Rücken, nach hinten ansteigende Rückenlinie.
KRUPPE Stark abfallend oder waagerecht gelagert.
RUTE Zu starke, zu lange oder zu kurze, zu tief angesetzte, zu hoch über der Rückenlinie, hakenförmig oder geringelt getragene sowie seitlich abgedrehte Rute. Aufgeschlagene, am Ende verdickte oder kupierte Rute.
BRUSTKORB Flache oder tonnenförmige Rippen,

fehlende Brustbreite oder -tiefe, zu stark hervortretendes Brustbein.

UNTERE LINIE Zuwenig aufgezogene Bauchlinie; mangelhaft zurückgebildetes Gesäuge.

VORDERHAND Nicht genügend gewinkelt. Leichte Knochen, schwach bemuskelt. Kein senkrechter Stand.

SCHULTERN Lose, überladen. Steil liegendes Schulterblatt.

ELLENBOGEN Lose, nach innen oder nach außen gedreht.

UNTERARM Gebogen, Auftreibungen oberhalb des Vorderfußwurzelgelenks.

VORDERFUSSWURZELGELENK Aufgetrieben. Erheblich nachgebend oder überknickend.

VORDERMITTELFUSS Zu schräg oder zu steil gestellt.

HINTERHAND Zu offene oder zu geschlossene Winkelungen. Kuhhessiger, enghessiger oder faßbeiniger Stand.

SPRUNGGELENK Aufgetrieben, instabil.

PFOTEN Flach, gespreizt, lang. Gangwerk: Zuwenig raumgreifend, unfreie Aktion, häufiger oder ständiger Paßgang, mangelnde Übereinstimmung zwischen Vorder- und Hinterhandaktionen.

HAAR Stockhaar, stumpfes Haar.

FARBEN

GELB Gelbgraue, gelbblaue, isabell oder schmutziggelbe Farbe.

GESTROMT Grundfarbe silberblau oder isabell; verwaschene Stromung.

SCHWARZ-WEISS GEFLECKT Blau-grau gestichelte Grundfarbe, größere gelbgraue oder blau-graue Fleckenanteile.

SCHWARZ Gelb-, braunoder blauschwarze Farbe.

BLAU Gelb- oder schwarzblaue Farbe.

SCHWERE FEHLER

WESEN Scheue.

GEBISS/ZÄHNE Vorbiß, Rückbiß, Kreuzbiß.

AUGEN Ektropium, Entropium.

RUTE Knickrute.

AUSSCHLIESSENDE FEHLER

WESEN Aggressivität, Angstbeißen.

NASE Leberfarbene Nase, Spaltnase.

FARBEN Gelbe und gestromte Doggen mit weißem Stirnstrich, weißem Halsring, weißen Pfoten oder »Strümpfen« und weißer Rutenspitze. Blaue Doggen mit weißem Stirnstrich, weißem Halsring, weißen »Strümpfen« oder weißer Rutenspitze. Bei schwarzweiß gefleckten Doggen: weiße ohne jedes Schwarz (Albinos) sowie taube Doggen; sogenannte Porzellantiger (diese zeigen vorwiegend blaue, graue, gelbe oder auch gestromte Flecken); sogenannte Grautiger (diese haben bei schwarzer Fleckung eine graue Grundfarbe).

N.B.

Rüden sollen zwei offensichtlich normal entwickelte Hoden aufweisen, die sich vollständig im Hodensack befinden.

▶ ## Zum Weiterlesen

Beck, Peter: Das Beste für meinen Hund. Profi-Tips für Hundefreunde. Kosmos, Stuttgart 1995.

Becvar, Dr. Wolfgang: Naturheilkunde für Hunde. Grundlagen, Methoden, Krankheitsbilder. Kosmos, Stuttgart 1994.

Durst-Benning, Petra: Kräuterapotheke für Hunde. Kosmos, Stuttgart 1998.

Feltmann-von Schroeder, Gudrun: Hund und Mensch im Zwiegespräch. Kosmos, Stuttgart 1993.

Harries, Brigitte: Hundesprache verstehen. Kosmos, Stuttgart 1998.

Hoefs, Nicole und Petra Führmann: Das Kosmos-Erzie-

hungsprogramm für Hunde. Kosmos, Stuttgart 1999.
Jones, Renate: Welpen-schule leichtgemacht. Kosmos, Stuttgart 1997.
Kejcz, Yvonne: Unser Hund wird alt. Kosmos, Stuttgart 1994.
Lausberg, Frank: Erste Hilfe für den Hund. Kosmos, Stuttgart 1999.
Pryor, Karen: Positiv be-stärken, sanft erziehen. Kosmos, Stuttgart 1999.
Rakow, Dr. Barbara: Der homöopathische Hundedoktor. Kosmos, Stuttgart 1999.
Ross, John und Barbara McKinney: Hunde verstehen und richtig erziehen. Kosmos, Stuttgart 1994.
Rustige, Dr. Barbara: Hundekrankheiten. Kosmos, Stuttgart 1999.
Stein, Petra: Bach-Blüten für Hunde. Kosmos, Stuttgart 1997.
Stern, Horst: Bemerkun-gen über Hunde. Stuttgart 1994.
Tellington-Jones, Linda: Tellington-Training für Hunde. Das Praxis-buch zu TTouch und TTeam. Kosmos, Stuttgart 1999.

▶ Danksagung

Ein Buch über eine Hunderasse zu schreiben bedeutet, die Begeisterung für diese Rasse zu Papier zu bringen. Neben eigenen Erfahrungen fließen natürlich auch Berichte und Wissen vieler anderer Doggenbesitzer ein. Ihnen allen sage ich herzlichen Dank. Besonders bedanken möchte ich mich bei meiner Ehefrau Edith. Ohne ihre fachliche und zeitliche Unterstützung hätte dieses Buch nicht zustande kommen können. Bei Sabine Schneider bedanke ich mich für die Hilfe beim Erfassen des Manuskriptes und bei Annette Neuhaus für die kritische Durchsicht. Weiterer Dank gilt den vielen Doggenfreunden, die Fotos für dieses Buch zur Verfügung gestellt haben. Im einzelnen sind dies die Deutsche-Doggen-Zwinger »vom Münsterland«, »vom Erlkönig«, »von der Bocksleite«, »Canis Nobile«, »von Beverly Hills«, »vom Allertal«, »von der Horst«, »vom Weserbogen«, »vom Dünner Land«, »von der Fränkischen Schweiz«, »v't Buitengebeuren« Niederlande, »Altoparti« Ungarn und Edith Pfister, Schweiz.

▶ Nützliche Adressen

Verband für das Deutsche Hundewesen e.V. (VDH)
Westfalendamm 174
D-44141 Dortmund
Tel: 0231-565000
Fax: 0231-592442

Deutscher Doggen Club 1888 e.V. (DDC)
1. Vorsitzender
Dipl.Ing. Winfried Nouc
Wilhelmstr. 29–31
D-52159 Roetgen

Kynologische Gesellschaft für Deutsche Doggen e.V.
1. Vorsitzender
Heiko Wagner
Bachgasse 10
D-55576 Sprendlingen

Schweizerischer Club für

Deutsche Doggen
Präsident Michael Neugel
Söhrengrabenweg 42
CH-5013 Niedergösgen

Österreichischer Doggen Club
Vorsitzende
Aurelia Pravitas
Pachfurther Str. 10
A-2460 Bruck/Leitha

Bildnachweis

Alle Fotos von Sven-Olaf Stange/Kosmos außer Archiv Hollensteiner (S.1, 2/3Mitte o., 9u., 10u., 13u., 18, 21, 25u., 45, 47, 53, 91, 94/95, 97, 99, 100, 101, 105, 106, 112 sowie Kapitelkennfoto 8), Pierre und Heike Lepot (S. 3 o.r., 25 o., 78/79, 102, 108), Karl-Heinz Widmann (S. 30, 43, 88), Ralf Roppelt/Kosmos (Kapitelkennfotos 2-7 sowie 9). Die historischen Abbildungen sind aus dem Kosmos-Buch von Hans Räber, Enzyklopädie der Rassehunde (S. 7, 9 o., 29). Die Zeichnungen sind von Rainer Benz (S. 55), Eva Hohrath (S. 39), Schwanke & Raasch (S. 49) sowie von Milada Krautmann (S. 50, 116).

Impressum

Umschlaggestaltung von Atelier Reichert, Stuttgart, unter Verwendung von 3 Farbfotos von Sven-Olaf Stange.

Mit 92 Farbfotos, 4 SW-Fotos, 6 SW- und 2 Farbzeichnungen

Alle Angaben in diesem Buch sind sorgfältig geprüft und geben den neuesten Wissensstand bei der Veröffentlichung wieder. Da sich das Wissen aber laufend weiterentwickelt und vergrößert, muß jeder Anwender selbst prüfen, ob die Angaben nicht durch neuere Erkenntnisse überholt sind. Dazu gehört z.B., im Zweifelsfall den Tierarzt zu konsultieren, Beipackzettel zu Medikamenten zu lesen, Gebrauchsanweisungen und Gesetze zu befolgen. Hinsichtlich der Zuchtzulassungskriterien, Ausstellungsrichtlinien, Rassestandards, Prüfungsordnungen usw. sind stets die aktuellen Bestimmungen der Verbände, insbesondere von VDH und FCI, maßgeblich.

Die Deutsche Bibliothek – CIP-Einheitsaufnahme

Hollensteiner, Horst:
Deutsche Dogge : (Auswahl, Haltung, Erziehung, Beschäftigung) / Horst Hollensteiner. - Stuttgart : Kosmos, 1999
  (PraxisWissen Hund)
  ISBN 3-440-07821-3

©1999, Franckh-Kosmos Verlags-GmbH & Co., Stuttgart
Alle Rechte vorbehalten
ISBN 3-440-07821-3
Lektorat: Cordula Beelitz-Frank
Projektleitung: Angela Beck
Grundlayout: Friedhelm Steinen-Broo, eSTUDIO CALAMAR
Herstellung: Kirsten Raue
Satz und Layout: Grafoline T·B·I·S GmbH, L.-Echterdingen
Printed in Czech Republic/ Imprimé en République tchèque
Druck und Binden: Těšínská Tiskárna, a.s., Český Těšín

Hundepaß

► NAME

► GESCHLECHT

► TÄTOWIERUNG

► GEWORFEN AM

► BEKOMMEN AM

► BESONDERE MERKMALE

► WICHTIGE ADRESSEN

► ZÜCHTER

► TIERARZT UND TIERÄRZTLICHER NOTDIENST

► HUNDEVEREIN

► HUNDEPENSION

► HAFTPFLICHTVERSICHERUNG

► ZOOFACHHANDLUNG

InfoLine

DR. MED. VET.
HORST HOLLENSTEINER

ist Tierarzt und als Amtsveterinär mit dem Fachgebiet »Tierschutz« betraut. Seit seinem 16. Lebensjahr ist er von Doggen begeistert und hat schon früh mit ihrer Zucht, Ausbildung und Ausstellung begonnen. Seine größten Erfolge hat sein Zwinger »vom Hollenstein« in der Geflecktzucht erreicht. Zur Zeit engagiert er sich auch in der Blauzucht. Seit 1982 ist er Spezialzuchtrichter für Deutsche Doggen. Im Deutschen Doggen Club (DDC) ist er Vorsitzender der Ortsgruppe Bad Salzuflen und im Vorstand der Landesgruppe Westfalen.

Außerdem ist er als Mitglied des Richterausschusses an der Ausbildung von neuen Richtern beteiligt und als Mitglied des Zuchtausschusses in Zuchtangelegenheiten gefragt.

Sie können sich mit Ihren speziellen Fragen und Problemen zur Doggenhaltung und -zucht an Dr. Horst Hollensteiner wenden. Schreiben Sie an die »Hunde-InfoLine« (bitte mit Rückporto):

Kosmos Verlag
»Hunde-InfoLine«
Postfach 10 60 11
D-70049 Stuttgart